Helma Quentmeier

Praxishandbuch Compliance

Helma Quentmeier

Praxishandbuch Compliance

Grundlagen, Ziele und Praxistipps
für Nicht-Juristen

GABLER

Bibliografische Information der Deutschen Nationalbibliothek
Die Deutsche Nationalbibliothek verzeichnet diese Publikation in der
Deutschen Nationalbibliografie; detaillierte bibliografische Daten sind im Internet über
<http://dnb.d-nb.de> abrufbar.

1. Auflage 2012

Alle Rechte vorbehalten
© Gabler Verlag | Springer Fachmedien Wiesbaden GmbH 2012

Lektorat: Annette Rompel

Gabler Verlag ist eine Marke von Springer Fachmedien.
Springer Fachmedien ist Teil der Fachverlagsgruppe Springer Science+Business Media.
www.gabler.de

Umschlaggestaltung: KünkelLopka Medienentwicklung, Heidelberg
Gedruckt auf säurefreiem und chlorfrei gebleichtem Papier
Printed in Germany

ISBN 978-3-8349-3379-9

Vorwort

Die Anforderungen an Unternehmen in Bezug auf Compliance sind enorm und wachsen ständig. Weltweit gibt es inzwischen weit über 11.000 Compliance-Vorschriften. Daher ist es von essenzieller Bedeutung, dass Vorstände, Geschäftsführer und Compliance-Beauftragte von ihren Mitarbeitern optimal unterstützt und entlastet werden.

Um diese Unterstützung zu gewährleisten, benötigen Sie das erforderliche Wissen. Dazu gehören Grundkenntnisse aus dem Rechtsbereich ebenso wie ein grundlegendes Wissen und Verständnis von Compliance.

In diesem Buch erfahren Sie, was Compliance bedeutet und wie sie in den Unternehmen umgesetzt werden kann. Außerdem wird Ihnen der Aufbau einer Compliance-Organisation nähergebracht und es wird erläutert, welche Aufgaben damit verbunden sind. Die Inhalte des Insider-Rechts und seine Bedeutung für Sie als Mitarbeiter sowie für die Unternehmen sind ebenfalls Teil dieses Buches. Weiterhin werden Korruption und Wirtschaftskriminalität im Zusammenhang mit Compliance-Organisationen betrachtet. Ein weiterer Bestandteil ist „Anti-Counterfeiting", also der Kampf gegen Marken- und Produktpiraterie. Doch was ist das eigentlich? Betrifft es Ihr Unternehmen? Was können Sie tun? Sie erfahren, wie all diese Aspekte zusammenhängen, und Ihnen wird schnell bewusst werden, wie oft Sie in Ihrer täglichen Arbeit mit diesen Themen konfrontiert werden, ohne dass es Ihnen bisher gegenwärtig war. Das beginnt bei Reisebuchungen, geht über die Auswahl von Hotels und die Reservierung von Restaurants bis hin zur Auswahl von Mietwagen, Vergabe von Geschenken an Geschäftsfreunde und vielem mehr.

Ihnen werden zahlreiche Gesetzestexte sowie Erläuterungen von Gesetzen begegnen, die nicht immer einfach zu lesen und zu verstehen sind. Sie bilden jedoch die Grundlage für die Regelungen, die in Ihrem Unternehmen umgesetzt werden. Das Buch richtet sich jedoch speziell an diejenigen, die eben kein juristisches Hintergrundwissen haben, die sich aber mit dem Thema auseinandersetzen wollen oder müssen. Dazu zählen nicht nur die Assistentinnen in einem Unternehmen, sondern auch Sachbearbeiter und Referenten. Dieses Buch bietet Ihnen eine Grundlage für Ihre tägliche Arbeit und hilft in Zweifelsfällen weiter. Es soll Ihnen dieses oftmals schwer zu verstehende Gebiet näherbringen, ohne Sie mehr als nötig mit juristischen Fachwörtern zu konfrontieren.

Ich wünsche Ihnen viel Spaß bei der Lektüre.

Helma Quentmeier

Inhaltsverzeichnis

1 Compliance

1.1 Einführung in die Compliance

Vor gut fünfzehn Jahren war „Compliance" in Deutschland ein noch gänzlich unbekannter Begriff. Ursprünglich war er vor allem in der angloamerikanischen Bankenwelt gebräuchlich. So fand sich in Deutschland der Compliance-Gedanke zunächst auch im Bank- und Kapitalmarktrecht wieder. Das Finanzwesen war beispielsweise in Deutschland Vorreiter bei der Einrichtung von Compliance-Abteilungen. Die Aufgaben dieser Compliance-Abteilungen waren u. a. Überwachung bzw. Verhinderung von kriminellen Handlungen wie Betrug bei Finanzaktionen, Datenschutz, Insiderhandel, Geldwäsche, Marktmissbrauch, Vermeidung von Interessenkonflikten und vieles mehr.

In den letzten Jahren wird Compliance aber stark durch Skandale und Sicherheitspannen beeinflusst, und das vor allem in den USA und China. Sie führten zu einer Reihe von Gesetzen, die speziell die Unternehmen betrafen. Aber auch die Länder und damit letztendlich die Unternehmen in Europa wurden davon beeinflusst. Unternehmen, die in den USA tätig sind oder werden wollen, müssen sich ebenfalls an diese US-Gesetze halten und damit auch den Compliance-Gedanken verinnerlichen. Aber auch in Deutschland ist Compliance immer stärker auf dem Vormarsch. Gerade in der letzten Zeit werden immer häufiger schwerwiegende Regelverstöße in der Wirtschaftspraxis bekannt. Unternehmen, Behörden und Organisationen bewegen sich in einem immer dichter werdenden Netz nationaler und internationaler Gesetze und Vorschriften. Oft laufen sie Gefahr, den hohen internationalen Anforderungen bezüglich der Regelkonformität nicht mehr gerecht zu werden. Dies stellt ein hohes Risiko dar, da Verstöße von der Justiz geahndet werden und neben dem wirtschaftlichen Schaden in vielen Fällen auch mit einem beträchtlichen Imageschaden für das betroffene Unternehmen einhergehen.

Fehlende Compliance kann ebenfalls dazu führen, dass sich Geschäftspartner und die Öffentlichkeit von einem Unternehmen distanzieren. Deshalb sind Expertinnen und Experten gefragt, die einen umfassenden Einblick in alle Organisations- und Arbeitsabläufe eines Unternehmens haben und die vielfältigen Interdependenzen zwischen den verschiedenen Aufgabenbereichen kennen. Sie können unter anderem die Planung, Steuerung und auch die Prozesse begleiten bis hin zur Entwicklung und Umsetzung einer gut funktionierenden Compliance in einem Unternehmen. Es gibt heute kaum noch Bereiche, in den Compliance kein Thema ist.

1.2 Die Entstehungsgeschichte: Vom Sarbanes-Oxley Act bis zum Transparenzrichtlinie-Umsetzungsgesetz

Die kapitalmarktrechtlichen Compliance-Anforderungen an börsennotierte Unternehmen (Emittenten) sind aufgrund einer wahren Flut neuer Gesetze und Gesetzesänderungen stark gestiegen. Davon sind insbesondere Unternehmen betroffen, deren Wertpapiere in einem organisierten Markt im Sinne des EU-Rechts notiert sind, sowie deren Aktionäre, für die Publizitäts- und Verhaltenspflichten gelten, die einem steten Wandel unterworfen sind. Dabei geht es sowohl um Verbote und Gebote als auch um Verhaltensregeln, deren Beachtung zwar nicht zwingend, aber ratsam ist.

Grund für die stark gestiegene Zahl geänderter oder neuer Vorschriften ist, dass ein höheres Anlegerschutzniveau in den Kapitalmärkten der EU und der USA vor dem Hintergrund des Booms an den Aktienmärkten, aber auch aufgrund aktueller Unternehmenspleiten durchgesetzt werden soll. Spektakuläre Unternehmenszusammenbrüche haben besonders in den USA die Schwachstellen der Regulierung von Unternehmen auf eindringliche Weise offengelegt.

Deshalb wurde im Jahr 2002 vom US-Senat und dem Repräsentantenhaus der Sarbanes-Oxley Act verabschiedet, auch SOX genannt. Die Bezeichnung geht auf die beiden Senatoren Paul Sarbanes und Michael Oxley zurück. Der Sarbanes-Oxley Act stellt eine der größten Reformen im US-amerikanischen Gesellschafts- und Kapitalmarktrecht dar.

Ziel des Gesetzes ist der Schutz der Anleger durch detaillierte und verlässlichere wertpapierrechtliche Publizitätspflichten. Es soll sichergestellt werden, dass die Emittenten richtige und verlässliche Angaben bei der periodischen Berichterstattung oder aber bei Veröffentlichung ihrer Ad-hoc-Mitteilungen bei der Securities and Exchange Commission (SEC) als zuständiger Wertpapieraufsichtsbehörde machen.

Um dies zu erreichen, wurden durch den Sarbanes-Oxley Act folgende Regelungen eingeführt:

■ Das Public Company Accounting Oversight Board (PCAOB) ersetzt die Selbstregulierung der Wirtschaftsprüfer. Das PCAOB ist eine unabhängige Aufsichtsbehörde für Wirtschaftsprüfungsgesellschaften. Sie ist eine privatwirtschaftliche Einrichtung, die für die Überwachung der Wirtschaftsprüfer von Aktiengesellschaften zuständig ist. Es besteht aus fünf Mitgliedern, deren Einberufung durch die Bundesbörsenaufsichtsbehörde erfolgt.

■ Erweiterte Offenlegungs- und Prüfpflichten wurden eingeführt, z. B. die Ad-hoc-Publizitätspflichten.

■ Aspekte der Corporate Governance wurden geregelt, z. B. die Einführung interner Finanzkontrollsysteme sowie die Einrichtung eines Prüfungsausschusses. Corporate Governance bedeutet eine an der nachhaltigen Wertschöpfung orientierte Unternehmensleitung und -kontrolle.

Der Sarbanes-Oxley Act gilt auch für deutsche Unternehmen, deren Wertpapiere an einer US-Börse notiert sind, sodass diese Emittenten sowohl den deutschen und europäischen als auch den US-amerikanischen Regelungen unterworfen sind.

Bis Ende der 90er-Jahre vollzog sich in Deutschland ein Wandel zur Aktionärskultur, da sich die Zahl der Privatanleger und der börsennotierten Unternehmen stark erhöht hatte. Viele Unternehmen wurden jedoch zu hoch bewertet oder waren nicht börsenreif, wie sich im Nachhinein zeigte, sodass es zu zahlreichen Schließungen und Skandalen kam. Den Privatanlegern fehlte es an Möglichkeiten und Wissen, diese negativen Trends zu erkennen. Durch diese zahlreichen Vorfälle und Skandale war das Vertrauen der Anleger in den Kapitalmarkt gebrochen.

Anfang 2003 veröffentlichte die Bundesregierung ein Zehn-Punkte-Programm, das zum Maßnahmenkatalog der Bundesregierung zur Stärkung der Unternehmensintegrität und des Anlegerschutzes vom 25. Februar 2003 führte, der den Erlass zahlreicher Vorschriften zur Stärkung des Vertrauens der Anleger in den Kapitalmarkt vorsah. Viele dieser Vorschriften wurden europarechtlich vorgegeben, denn auch der europäische Gesetzgeber wurde auf diesem Gebiet tätig und erließ direkt anwendbare Verordnungen und in den Mitgliedsstaaten umsetzungsbedürftige Regelungen.

Am 20. Januar 2007 traten die wesentlichen gesetzlichen Änderungen des Transparenzrichtlinie-Umsetzungsgesetzes (TUG) in Kraft. Durch die Umsetzung dieser Richtlinie in deutsches Recht sollen Anleger von Wertpapieremittenten besser und umfassender informiert werden (vgl. hierzu auch Kapital 6).

1.3   Was ist Compliance?

Der Begriff Compliance wird in Praxis und Literatur auf unterschiedliche Weise definiert. Bislang existiert noch keine gesetzliche Bestimmung, auch wenn dies oft gefordert wird. Compliance kann folgendermaßen definiert werden:

Compliance bezeichnet die Gesamtheit aller zumutbaren Maßnahmen, die das gesetzes- und regelkonforme Verhalten eines Unternehmens, seiner Organisationsmitglieder und seiner Mitarbeiter im Hinblick auf alle gesetzlichen Ge- und Verbote begründen. Darüber hinaus soll die Übereinstimmung des unternehmerischen Geschäftsgebarens auch mit allen gesellschaftlichen Richtlinien und Wertvorstellungen, mit Moral und Ethik gewährleistet werden. Es geht also um die Erfüllung und Konformität mit Gesetzen sowie mit Regeln, Grundsätzen und Spezifikationen. Compliance umfasst ebenfalls Standards und Konventionen, die klar definiert worden sind.

Sofern nicht der englische Begriff verwendet wird, kann im Deutschen von „Regelüberwachung" gesprochen werden. Sie wird in der Regel durch organisatorische Maßnahmen unterstützt. Hierzu richten vor allem Kreditinstitute und Finanzdienstleister Compliance-Abteilungen ein. Daneben gilt Compliance als ein bedeutendes Element der ordnungsgemäßen Unternehmensführung (Corporate Governance). Auch die Informationssicherheit sowie die Einhaltung von Regeln gewinnen zunehmend an Bedeutung.

In Deutschland haben z. B. die Vorfälle um ein großes Münchener Unternehmen dem Thema eine unerwartete Popularität verschafft. So hat sich der Gedanke des Compliance-Managements weit über seine ursprünglichen und traditionellen Bereiche des Bank- und Kapitalmarktrechts hinaus ausgeweitet und umfasst mittlerweile auch folgende nicht börsennotierte Bereiche:

■ IT-Compliance,

■ arbeitsrechtliche Compliance,

■ Anti-Trust-Compliance,

■ Anti-Korruptions-Compliance,

■ Kreditvertrags-Compliance,

■ produkthaftungsrechtliche Compliance,

■ steuerrechtliche Compliance.

Viele weitere Anwendungsbereiche werden diskutiert und in verschiedenen Unternehmen auch schon in die Compliance einbezogen bzw. umgesetzt.

Die Nichtbeachtung der Compliance-Vorschriften ist mit einem hohen Bußgeld für die betroffenen Mitarbeiter, häufig aber auch für die Unternehmensleitung verbunden und wird teilweise sogar strafrechtlich sanktioniert.

Viele Unternehmen gehen heute sogar dazu über, einen Teil dieses Bußgeldes auf die verantwortlichen Führungskräfte zu übertragen. Die leitenden Mitarbeiter eines Unternehmens haften in diesen Fällen mit ihren Sonderzahlungen, Gehalt etc. in der Form, dass sie bei Vorsatz oder grob fahrlässigem Verhalten verpflichtet werden, ihre Einmalzahlungen der letzten Jahre teilweise zurückzuzahlen.

Dies geht auf ein Urteil vom Bundesgerichtshof vom 17. Juli 2009, Aktenzeichen 5 StR 394/08. Dort ist folgende einschlägige Passage zu finden:

> „Eine solche neuerdings in Großunternehmen als Compliance bezeichnete Ausrichtung wird im Wirtschaftsleben dadurch umgesetzt, dass sogenannte ‚Compliance Officer' geschaffen werden (…). Deren Aufgabengebiet ist die Verhinderung von Rechtsverstößen insbesondere auch von Straftaten, die aus dem Unternehmen heraus begangen werden und diesem erhebliche Nachteile durch Haftungsrisiken oder Ansehensverlust bringen können. Derartige Beauftragte wird regelmäßig strafrechtlich eine Garantenpflicht i. S. d. § 13 Abs. 1 StGB treffen, solche im Zusammenhang mit der Tätigkeit des Unternehmens stehende Straftaten von Unternehmensangehörigen zu verhindern. Dies ist die notwendige Kehrseite ihrer gegenüber der Unternehmensleitung übernommenen Pflicht, Rechtsverstöße und insbesondere Straftaten zu unterbinden (…)."

Darüber hinaus besteht die Gefahr von Schadenersatzzahlungen oder des Verlusts von Genehmigungen sowie einer Beschädigung von Image und Kundenvertrauen, die für Unternehmen noch gravierender sein kann.

1.4 Deutscher Corporate Governance Kodex

Ziffer 4.1.3 des Deutschen Corporate Governance Kodex formuliert wie folgt:

> „Der Vorstand hat für die Einhaltung der gesetzlichen Bestimmungen und der unternehmensinternen Richtlinien zu sorgen und wirkt auf deren Beachtung durch die Konzernunternehmen hin (Compliance)."

Die Kodex-Kommission hat die Pflicht zur Compliance zu Recht nicht auf die Beachtung der gesetzlichen Bestimmungen beschränkt, sondern auch die unternehmensinternen Regelwerke einbezogen, wie Satzung, Geschäftsordnung, Merk- und Informationsblätter, Unterschriftenregelungen, Arbeitsanweisungen, Konzernrundschreiben u. a. Steht das Unternehmen an der Spitze eines Konzerns, erstreckt sich die Compliance ebenfalls auf die Konzernunternehmen (Tochtergesellschaften, Teilkonzerne etc.). Das herrschende Unternehmen muss in der Lage sein, die eigenen Compliance-Vorstellungen durchzusetzen.

Viele große Unternehmen haben auf ihren Internetseiten inzwischen eine eigene Compliance-Seite eingerichtet. Diese enthält Informationen darüber, wie das Unternehmen zu Compliance steht, das Organigramm der Compliance-Abteilung und vieles mehr.

Bei einer Tochtergesellschaft in der Rechtsform der AG hat die Konzernspitze letztlich keine rechtlichen Instrumente, um ihre Compliance-Vorstellungen durchzusetzen. Infolge der Schranken der §§ 311 ff. AktG hat sie nur die Möglichkeit, gegenüber der Geschäftsleitung der Tochtergesellschaft auf die Beachtung ihrer Compliance-Vorstellungen in geeigneter Weise hinzuwirken (zu weiteren rechtlichen Grundlagen vgl. Kapitel 6).

Im folgenden Kapitel wird erläutert, wie Compliance organisiert ist und wer die Verantwortung für Compliance trägt.

2 Der Compliance-Beauftragte und die Compliance-Organisation

2.1 Corporate Compliance

Geltende Gesetze, Vorschriften und Regeln einzuhalten, klingt banal und ist für jemanden, der nicht täglich mit Gesetzen zu tun hat, oftmals nicht verständlich. Allein daran ausgerichtete Compliance-Programme wirken in der Praxis nur bedingt und zumeist reaktiv. Nicht jeder Mitarbeiter im Unternehmen ist Jurist und ständig auf dem Laufenden über neue Gesetze oder Änderungen von bestehenden Gesetzen und versteht das sogenannte „Juristendeutsch".

Corporate Compliance geht über das Einhalten von Gesetzen, Vorschriften und Regeln hinaus und ermöglicht es Unternehmen, die vielfältigen rechtlichen Anforderungen als auch die Anforderungen der Gesellschaft umfassend zu erfüllen. Mitarbeiter, die wissen, warum und mit welcher Grundhaltung sie ihr Unternehmen schützen können, haben mehr Handlungssicherheit. Verantwortungsvolles und aufmerksames Handeln aller Mitarbeiter reduziert Risiken und fördert Chancen. Materielle und immaterielle Schäden können so nachhaltig vermieden werden, die Unternehmensintegrität wird gestärkt. Mitarbeiter können zu integrem Verhalten hingeführt werden.

Mittlerweile enthalten fast alle im Wirtschaftsleben relevanten Gesetze Regelungen über Ordnungswidrigkeiten, die drastische und bilanzwirksame Geldbußen auslösen können. Dies gilt z. B. für Kartellrechtsverstöße, bei denen die EU-Kommission und das Bundeskartellamt drastische Bußgelder verhängen. Beispielsweise verhängte die EU-Kommission gegen Siemens ein Bußgeld in Höhe von ca. 418 Millionen Euro.

Bereits der Verdacht entsprechender Ordnungswidrigkeiten oder Delikte kann schon genügen, um bei den betroffenen Gesellschaften erheblichen internen Aufwand sowie immense externe Beratungskosten zu verursachen. Hinzu kommen zusätzlich noch die Verfahrenskosten. Als weiterer Aufwand ist die zeitliche Bindung des entsprechenden Managements des Unternehmens anzusehen.

Deshalb ist eine gut funktionierende Compliance-Organisation unerlässlich. Dass die Implementierung und der Aufbau einer Compliance-Organisation ein schwieriger, umfangreicher und auch kostspieliger Prozess sein kann, versteht sich fast von selbst. Compliance steigert aber u. a. die Unternehmenseffizienz und kann so wesentlich zum Unternehmenserfolg beitragen. Ein weiterer wesentlicher Aspekt der Compliance ist die Risikominimierung.

Je nachdem, in welchem Bereich Sie im Unternehmen arbeiten, sind Sie täglich mit den vielfältigen Problemen in Bezug auf Compliance in Kontakt. Als Mitarbeiter im Compliance-Bereich sind Sie erster Ansprechpartner für Mitarbeiter direkt vor Ort und auch am Telefon. Ihnen werden die Compliance-Fälle oftmals als erstes mitgeteilt. Sie müssen beschwichtigen, Sie müssen die Ruhe bewahren, dürfen aber gleichzeitig keine Wertung abgeben. Sie müssen ständig neutral sein.

Welche Aufgaben können Sie als Mitarbeiter im Bereich Compliance übernehmen? Wie können Sie dazu beitragen, dass die Compliance-Richtlinien eingehalten werden, auch wenn Sie nicht in einer Compliance-Abteilung arbeiten? Ich werde Ihnen aufzeigen, was Sie tun können, um Compliance zu verstehen, das Vertrauen Ihrer Kolleginnen und Kollegen zu gewinnen und konsequent compliant zu handeln. Ihre Unterstützung macht es dem Vorgesetzten leichter, seinen Führungs- und Leitungsaufgaben ohne ständige Unterbrechungen nachzukommen.

Kompetenz und Verantwortung sind der Schlüssel zum Erfolg. Beides erwächst auch aus Rechtstreue und ethischem Verhalten. Der Erfolg eines Unternehmens hat viele Quellen. Nicht zuletzt gehört dazu außer der Kompetenz das Verantwortungsbewusstsein aller Mitarbeiter. Ziel ist es, den Unternehmenswert nachhaltig zu steigern und im Interesse der Aktionäre, der Mitarbeiter und der gesamten Gesellschaft eine hohe Wertschöpfung zu erarbeiten.

Dieses Ziel ist in Rahmenbedingungen eingebettet: Recht, soziale Verantwortung, Responsible Care, nachhaltiger Umwelt- und Klimaschutz, Produktions- und Produktsicherheit, hohe Produktivität, optimale Wirtschaftlichkeit und Kundenorientierung. Als dies sind Ziele, die in einem guten Compliance-Programm eingebettet sind und auch umgesetzt werden.

Fast alle Unternehmen agieren heute weltweit, sie sind global ausgerichtet. Damit stehen auch Sie mehr denn je im Rampenlicht der Öffentlichkeit und richten ihre Unternehmenstätigkeit nach den Regeln des politischen Geschehens aus. Sie möchten ihr gutes Image bewahren und weiter fördern. Das unternehmerische Geschehen orientiert sich an den Rechtsordnungen der verschiedenen Länder und Regionen, den Regeln des Zusammenlebens und an den ethischen Normen, die den Mitarbeitern, also auch Ihnen, und dem Unternehmen im In- und Ausland auferlegt werden. Diese Pflichten zu erkennen und zu erfüllen, ist bisweilen nicht ganz einfach, aber unabdingbar.

Was ist eigentlich Corporate Compliance?

Unter dem Begriff Corporate Compliance wird die Gesamtheit der Maßnahmen verstanden, die das rechtmäßige Verhalten eines Unternehmens, der Leitungs- und Aufsichtsorgane und seiner Mitarbeiter sicherstellen soll. Leitungs- und Aufsichtsorgane haben eine sorgfältige und rechtskonforme Organisation des Unternehmens zu gewährleisten. Corporate-Compliance-Maßnahmen werden daher als zentraler Bestandteil der gesetzlichen Verpflichtung angesehen.

Dazu hier ein Auszug aus dem Compliance Magazin (Quelle: Compliance Magazin, September 2009):

„Bei ‚Compliance' geht es um die ‚Erfüllung', ‚Entsprechung' bzw. ‚Konformität' mit staatlichen Gesetzen sowie mit Regeln und Spezifikationen, mit Grundsätzen (ethische und moralische) und Verfahren sowie mit Standards (z. B. ISO) und Konventionen, die klar definiert worden sind. Die Erfüllung der Compliance kann sowohl auf Zwang (z. B. durch Gesetze) als auch auf Freiwilligkeit (z. B. Einhaltung von Standards) beruhen. Die Compliance richtet sich an Unternehmen und Institutionen ebenso wie an staatliche/behördliche Einrichtungen. Streng genommen ist jeder Mensch – sei es als unabhängiges Einzelindividuum oder als Mitglied einer Gruppe, Organisation oder eines Unternehmens in irgendeiner Form Compliance-pflichtig bzw. muss seine Compliance-Fähigkeit unter Beweis stellen, muss sich compliant verhalten.

Sogar Länder können sich in diesem Sinn compliant verhalten, z. B. durch die Übernahme von übergeordneten Gesetzen in innerstaatliche gesetzliche Regelungen (z. B. innerhalb der EU) oder auf internationaler Ebene durch die Einhaltung von Konventionen (UN-Konventionen) oder Beschlüsse internationaler Gremien (z. B. OECD-Beschluss)."

Compliance bedeutet also:

- Einhaltung sämtlicher für das Unternehmen relevanten gesetzlichen Pflichten, Vorschriften und Regeln,

- Einhaltung von ethischen und moralischen Grundsätzen,

- Einhalten von Vorgaben und Zielen durch die Konzern- bzw. Unternehmensspitze,

- fachliche Kompetenz und persönliche Verantwortung im Umgang mit externen und internen Regelungen und Vorgaben der Gesellschafter.

Der Begriff Compliance wird auch im Deutschen Corporate Governance Kodex in Ziffer 4.1.3 legal definiert. Dort heißt es:

„Der Vorstand hat für die Einhaltung der gesetzlichen Bestimmungen und der unternehmensinternen Richtlinien zu sorgen und wirkt auf deren Beachtung durch die Konzernunternehmen hin (Compliance)."

2.2   Compliance ist Aufgabe der Geschäftsleitung

Die Compliance wird vom Deutschen Corporate Governance Kodex ausdrücklich als Geschäftsleitungsaufgabe verankert, was deutlich macht, dass Compliance als geltendes Gesetzesrecht zu verstehen ist. Auch wenn der Deutsche Corporate Governance Kodex grundsätzlich nur für börsennotierte Unternehmen relevant ist, muss auch daran gedacht werden, dass die Pflicht zu einer entsprechenden Organisation auch nicht börsennotierte Aktiengesellschaften und Unternehmen anderer Rechtsformen betrifft. Immer mehr Unternehmen führen Compliance ein, obwohl dies vielleicht für die Rechtsform des Unternehmens noch nicht zwingend ist. Aber in der Entwicklung ist ein klarer Trend zu beobachten. Schauen Sie doch einfach mal im Internet nach, welche Unternehmen sich inzwischen Compliance „auf die Fahne schreiben". Sie werden erstaunt sein, wie viele verschiedene Rechtsformen sich dort finden.

Compliance dient der Risikovorbeugung und der Schadensabwehr im Unternehmen. Sie ist regelmäßig geeignet, Schadenersatzansprüche von Dritten gegenüber dem Unternehmen abzuwehren (Außenhaftung), aber auch Ansprüche des Unternehmens gegen die Mitglieder der Geschäftsleitungs- und Aufsichtsorgane (Innenhaftung). Im Bereich der Innenhaftung haben die Mitglieder des Vorstands einer AG die Beweislast dafür zu tragen, dass sie bei der Geschäftsführung die notwendige Sorgfalt beachtet haben (vgl. § 93 Abs. 2 Satz 2 AktG).

Compliance versteht sich aber auch als Teil des Risikofrüherkennungs- und Überwachungssystems. Zu dessen Einrichtung und Unterhaltung, dem sogenannten Risikomanagement, ist der Vorstand einer AG nach § 91 Abs. 2 AktG im Hinblick auf existenzgefährdende Risiken verpflichtet.

Viele der Risiken aus den Rechtsverstößen können für ein Unternehmen durchaus gefährdende Dimensionen annehmen. Natürlich kann auch eine vorbildliche Compliance-Organisation Regelverstöße nicht vollkommen ausschließen. Compliance umfasst deshalb auch Krisenmanagement im Unternehmen. Bei Eintritt einer Krise durch einen Regelverstoß findet die Compliance Ausdruck in den Maßnahmen zur Krisenbewältigung und Schadensminderung.

Eine gut funktionierende Compliance in einem Unternehmen kann die Unternehmenseffizienz steigern und dadurch zum Unternehmenserfolg beitragen und so zu einer Risikominimierung beitragen.

2.3   Begriffsabgrenzung

Es gibt viele Begriffe, die im Zusammenhang mit Corporate Compliance und/oder Compliance immer wieder genannt werden. Viele wissen gar nicht, was damit gemeint ist. Im Folgenden finden Sie einige davon mit den entsprechenden Erklärungen. So wissen Sie immer, welcher Bereich von Compliance gerade gemeint ist.

Der Begriff Corporate Compliance wird häufig im Zusammenhang mit folgenden Begriffen verwendet:

■ **Code of Conduct**

   ist ein Teil eines Compliance-Systems und beinhaltet Handlungs- und Verhaltensanweisungen. Ein Code of Conduct ist also ein Verhaltenskodex. Man ist nicht zwingend an diesen Kodex gebunden, es ist eine Selbstverpflichtung, bestimmte Regeln einzuhalten. Verschiedene Branchen haben ihren eigenen Kodex entwickelt und auf den speziellen Bereich abgestimmt. Der Pharmakodex, herausgegeben vom FSA (Freiwillige Selbstkontrolle für die Arzneimittelindustrie) beispielsweise regelt zum Wohle des Patienten die ethisch einwandfreie Zusammenarbeit von Arzneimittelherstellern mit Ärzten, Apothekern und weiteren Angehörigen der medizinischen Fachkreise. Ein Beispiel aus dem Kodex: Geschenke. Es wird festgelegt, dass die Geschenke „geringwertig" sein müssen. Man kann sagen, dass ein Geschenk durchschnittlich nicht mehr als 30 Euro kosten sollte. Viele andere Industriezweige haben einen ähnlichen Kodex, wie die Druckindustrie, die Lederindustrie und viele andere.

Corporate Governance

bedeutet eigentlich nur „Unternehmensführung", wird aber meist normativ im Sinne von verantwortungsvoller und ethisch einwandfreier Unternehmensführung verwendet. Corporate Governance definiert also Regeln für gute Unternehmensführung.

Risk-Management-System

Es handelt sich dabei gemäß § 91 Abs. 2 AktG um die Einrichtung von Früherkennungs- und Überwachungssystemen für bestandsgefährdende Entwicklungen der Gesellschaft. Dieser Paragraph geht zurück auf eine Norm aus dem Gesetz zur Kontrolle und Transparenz im Unternehmensbereich (KonTraG). Er formuliert eine Bestandssicherungspflicht des Vorstandes und konkretisiert einen Teilbereich der allgemeinen Leitungsaufgabe des Vorstandes. Heute versuchen die meisten Unternehmen, den gestiegenen Anforderungen durch Einzelmaßnahmen in verschiedenen Unternehmensbereichen Rechnung zu tragen. Diese Aktivitäten erfolgen häufig isoliert und adressieren nur Teilbereiche. So sichert oftmals ein Qualitätsmanagement die Stabilität der Prozesse, während die Interne Revision die Ordnungsmäßigkeit der Kontrollen prüft und parallel eine KonTraG-konforme Risikofrüherkennung betrieben wird. Was oftmals jedoch fehlt, ist ein durchgängig abgestimmtes Konzept, unterstützt durch eine Vorgehensweise, die alle Aspekte eines Risikomanagementsystems berücksichtigt und die Einhaltung aller relevanten Compliance-Anforderungen sicherstellt. Deshalb wird das Risikomanagement in vielen Unternehmen inzwischen vermehrt in den Bereich Compliance verlagert.

§ 91 Abs. 2 Aktiengesetz verpflichtet den Vorstand, geeignete Maßnahmen zu treffen, insbesondere ein Überwachungssystem einzurichten, damit den Fortbestand der Gesellschaft gefährdende Entwicklungen früh erkannt werden.

Business Ethics/Corporate Social Responsibility

Es gibt über die gesetzlichen Pflichten hinaus noch soziale und ethische Pflichten der Geschäftsführung, die unter dem Begriff Corporate Social Responsibility/Business Ethics zusammengefasst werden. Während die Gesetze und Regelungen das ethische Minimum darstellen, geht die von der Gesellschaft und auch inzwischen in einem Unternehmen geprägte Moral häufig darüber hinaus. Maßnahmen im Bereich Corporate Social Responsibility/Business Ethics werden gerne als Werbemaßnahmen von Unternehmen eingesetzt.

■ **Non-Compliant**

Non-Compliant bedeutet das Nicht-Einhalten von Regeln, Gesetzen, Standards etc. Unternehmen, Institutionen, staatliche und behördliche Einrichtungen bzw. Personen, die sich nicht an entsprechende Vorgaben halten, handeln dementsprechend non-compliant. Non-Compliance (Nicht-Konformität) kann sanktioniert/bestraft werden, sei es durch die staatliche Gewalt (z. B. Bußgeld) oder auch durch unternehmensinterne Strafmaßnahmen (z. B. Abmahnung) bzw. vereinsinterne oder organisationsinterne Sanktionen (z. B. Ausschluss).

■ **Cross Compliance**

Dieser Begriff wird in der Landwirtschaft verwendet und bezeichnet die Überkreuzungsverpflichtungen. Cross Compliance geht von einem gesamtbetriebswirtschaftlichen Ansatz aus. Bereits seit Mitte der 80er-Jahre ist es in vielen Ländern Europas üblich, Prämienzahlungen an die Landwirtschaft bei Einhaltung von Verpflichtungen zu leisten. So ist auch in der EG-Richtlinie 1782/2003 festgehalten, dass EU-Direktzahlungen nur gewährt werden, wenn sich der betreffende Landwirt an die Vorschriften im Bereich Umwelt, Lebensmittel- und Futtermittelsicherheit sowie Tiergesundheit und Tierschutz hält. Bei Verstößen wird die Direktzahlung gekürzt. Sinn und Zweck der Cross Compliance ist das Gleichgewicht: Die Natur soll sowohl in einem gutem landwirtschaftlichen wie auch ökologischen Zustand gehalten werden. Auch landwirtschaftlich orientierte Unternehmen müssen sich an die Cross Compliance halten.

2.4   Die Einrichtung der Corporate Compliance

Corporate Compliance erfordert zunächst Maßnahmen zur Einrichtung eines Compliance-Systems. Außerdem setzt sie Folgeaktivitäten im Rahmen eines kontinuierlichen Managementprozesses voraus. Compliance umfasst außerdem die aufmerksame Beobachtung des rechtlichen und geschäftlichen Umfelds und die daraus folgende permanente Überprüfung und erforderliche Anpassung der eigenen Organisation. Auch die intern gewonnenen Erkenntnisse können einen Optimierungsbedarf für das eigene Compliance-System auslösen.

Die Verantwortung für die Einrichtung eines Compliance-Systems trägt die Geschäftsleitung im Rahmen ihrer Leitungsaufgabe. Die Ausgestaltung der Compliance in einem Unternehmen hängt vom jeweiligen Geschäftszweig und dem konkreten Unternehmensgegenstand, der Größe und der Komplexität des Unternehmens und der Unternehmensstruktur und damit letztlich von seinem individuellen Risikoprofil ab. Der Vorstand hat über Art und Umfang der organisatorischen Maßnahmen zu entscheiden, darüber, wie für die Rechtstreue im Unternehmen gesorgt werden und auf welche Weise Rechtsverstöße verhindert werden sollen. Die Geschäftsleitung muss also bei der Festlegung der Anforderungen und der Dimensionierung einer Compliance-Organisation nach sorgfältiger Ermittlung der relevanten Risikofaktoren das individuelle Gefahrenpotenzial und Risikoszenario des Unternehmens beurteilen und bewerten. Hinzu kommen organisatorische Vorgaben des öffentlichen Rechts, die die Geschäftsleitung ebenfalls dazu zwingen, bestimmte Maßnahmen im Unternehmen zu ergreifen.

2.5 Verantwortung für die Umsetzung der Compliance

Die Verantwortung für Compliance innerhalb der Unternehmen ist derzeit in den verschiedensten Bereichen angesiedelt: In neu gegründeten Compliance-Abteilungen, in Rechtsabteilungen, beim Controlling, bei der Internen Revision, bei den Datenschutzabteilungen, beim Personalwesen und nicht zuletzt häufig auch im Bereich der IT (Security-Abteilungen oder bei der Rechenzentrumsleitung bzw. bei der Gesamtverantwortung für die IT).

Compliance ist heute ein wesentlicher Bestandteil der Corporate Governance, bei der es um die „gute", ordnungsgemäße Unternehmensführung geht, also um das Erlassen und Einhalten von Verhaltensregeln – Codes of Conduct. In diesem Sinn stellt die Corporate Governance heute die Visitenkarte eines Unternehmens dar.

2.6 Relevante Rechtsgebiete im Unternehmen

Die Unternehmensleitung muss die Sorgfalt eines ordentlichen und gewissenhaften Geschäftsleiters anwenden und die Risikoanalyse auf die konkrete Unternehmenssituation ausrichten. Diese Faktoren werden bestimmt von der Rechtsform des Unternehmens, der Organisation, der Größe, der Komplexität und dem speziellen Wirtschaftszweig. Dazu können die folgenden Rechtsgebiete gehören. Die Aufzählung ist nicht vollständig, soll Ihnen aber einen ersten Überblick darüber geben, wie weit Compliance gefasst ist bzw. sein kann.

- Kapitalmarktrecht,

- Exportrecht,

- Produkthaftung,

- Kartellrecht,

- Datenschutz,

- Umweltschutz,

- Arbeitsrecht,

- Steuerrecht,

- Erkennen von Korruptionsrisiken.

2.7 Die Elemente der Corporate Compliance

Ein effizientes Compliance-Management setzt viele einzelne organisatorische Maßnahmen voraus. Es verlangt eine Compliance-Kultur im Unternehmen, die fest verankert ist und auch gelebt wird. Die Vorgesetzten haben hier ganz klar eine Vorbildfunktion. Für die Einrichtung einer Compliance-Organisation bedarf es, wie bereits erwähnt, einer Reihe von Maßnahmen. Diese lassen sich in fünf grundlegende Schritte aufteilen:

■ Risikoanalyse,

■ Self-Commitment der Unternehmensführung,

■ Bekanntmachung der Compliance-Richtlinien,

■ Trainingsmaßnahmen für die Mitarbeiter,

■ Kontroll- und Überwachungssystem.

2.7.1 Risikoanalyse

Als erster Schritt zur Absicherung gegen Rechtsrisiken ist es notwendig, die im Unternehmen vorhandenen Risikopotenziale zu identifizieren, die jeweilige Eintrittswahrscheinlichkeit eines Rechtsverstoßes abzuschätzen und die erforderlichen Schritte zur Vorbeugung zu definieren.

Ein klassischer Bereich eines klaren Risikopotenzials in einem Unternehmen sind z. B. die Spenden. Gerade hier müssen Präventionsmaßnahmen zur Bekämpfung der Korruptionsrisiken etabliert werden.

Beispielsweise sollte darauf geachtet werden, dass eine Spende auch nur an die Vereinigung bzw. Institution ausgezahlt wird, für die sie bestimmt ist. Der Name des Spendenempfängers und der des Bankkontoinhabers müssen gleich sein. Der Sitz der Bank sollte natürlich auch nicht in solchen Ländern liegen, die als „Steuerparadiese" gelten, z. B. Cayman Islands, Liechtenstein etc. Hier gilt das Vier-Augen-Prinzip: Es sollte eine schriftliche Zustimmung und Prüfung der zuständigen Spendenabteilung und des Vorstands zugrunde gelegt werden. Um noch mehr Sicherheit zu erlangen, ist es ratsam, dass der Compliance Officer die Spenden prüft. Barzahlungsvorgänge bei Spenden müssen grundsätzlich ausgeschlossen sein.

2.7.2 Self-Commitment der Unternehmensführung

Compliance darf kein reiner Formalakt und keine Pflichtübung sein. Die Unternehmensspitze muss sich klar zu Corporate Compliance bekennen und sie als Chefsache behandeln. Die Unternehmensspitze muss den Mitarbeitern eine klare Botschaft mit auf den Weg geben und klar machen, dass Rechtsverstöße vonseiten der Belegschaft nicht geduldet und entsprechend sanktioniert werden, und zwar auf allen Ebenen. Dies kann bis zur Kündigung des Arbeitsverhältnisses gehen. Ein Geschäftsabschluss unter Nichteinhaltung der im Unternehmen geltenden Compliance-Grundsätze dient niemals dem Interesse des Unternehmens, sondert schadet nur dessen Image.

Als Beispiele für Compliance-Grundsätze seien hier nur einige genannt:

- keine verbotenen Kartellabsprachen,

- Fairness im Wettbewerb,

- keine Korruption,

- Wahrung der Chancengleichheit im Wertpapierhandel,

- Prinzip der Nachhaltigkeit – keine Gefahren für Mensch und Umwelt,

- Einhaltung der Menschenrechte,

- transparente Finanzberichterstattung,

- keine Diskriminierung, Einhaltung des Gleichbehandlungsgesetzes,

- Trennung von Unternehmens- und Privatinteressen.

Wenn Sie diese Compliance-Grundsätze lesen, denken Sie sicher: Vieles davon haben wir doch schon in unserem Unternehmen, oder aber: Das ist doch eine Selbstverständlichkeit.

Sie dürfen aber nie vergessen: All diese Prinzipien gelten nicht nur in Deutschland. In einem international ausgerichteten Unternehmen müssen diese Grundsätze in allen Ländern, in denen Produktionsbetriebe, Sales Offices etc. betrieben werden, eingehalten werden, auch in den sogenannten Risikoländern.

Nehmen wir das Beispiel Einhaltung der Menschenrechte. In Deutschland werden die Menschenrechte eingehalten, hier gibt es keine Kinderarbeit. Sie sind ausreichend durch das Gesetz geschützt. Wie sieht es aber in anderen Ländern aus, besonders in den Schwellenländern? Kinderarbeit ist dort oft noch an der Tagesordnung. Kinder helfen, die Familie zu ernähren, und vernachlässigen die Schulbildung, wenn sie überhaupt zur Schule gehen. Es muss auch dort sichergestellt sein, dass keine Kinder zur Arbeit eingesetzt werden. Das ist nur ein kleiner Aspekt, der berücksichtigt werden muss. Die großen Unternehmen haben inzwischen ganze Abteilungen eingerichtet, die dies weltweit kontrollieren und Audits an den einzelnen Standorten durchführen. Und das nicht nur an den eigenen Standorten. Was ist mit den Lieferanten des Unternehmens? Auch an sie muss gedacht werden. Kein Unternehmen, dass sich Compliance auf die Fahne schreibt, wird mit Lieferanten, Spediteuren etc. zusammenarbeiten, von denen bekannt ist, dass sie Kinderarbeit tolerieren, sich bestechen lassen oder bestechen und vieles mehr. Je breiter ein Unternehmen aufgebaut ist, umso breiter und vielfältiger sind dessen Compliance-Grundsätze.

Ganz wichtig für eine funktionierende Compliance in einem Unternehmen ist und bleibt: Tone from the Top, also von oben nach unten. Compliance muss gelebt werden und eine

Selbstverständlichkeit bei der täglichen Arbeit sein. Handelt die Unternehmensleitung compliant, werden auch die Mitarbeiter compliant handeln.

Sie sehen: Wenn Sie täglich mit dem Thema beschäftigt sind und die Fälle auf Ihrem Tisch haben, wenn Sie als Vorbild für die anderen Mitarbeiter agieren genau wie die Unternehmensleitung, merken Sie irgendwann gar nicht mehr, dass Sie automatisch „compliant handeln". Und genau das ist das Ziel, das die Unternehmensleitung verfolgt: dass alle Mitarbeiter Compliance in dieser Form umsetzen.

2.7.3   Bekanntmachung der Compliance-Richtlinien

Es ist natürlich nicht ausreichend, dass sich ein Unternehmen zu bestimmten Compliance-Richtlinien verpflichtet. Diese Regeln oder Richtlinien müssen auch bekannt gemacht werden. Klare Kommunikation steht hier an erster Stelle. Die Botschaft der Unternehmensspitze, dass sich das Unternehmen an die maßgeblichen Rechtsvorschriften und die internen Regularien hält, muss bekannt gegeben werden. Ebenfalls müssen die Maßnahmen, die zur Kontrolle und Prävention getroffen wurden, in geeigneter Weise im Unternehmen, aber auch extern, z. B. den Geschäftspartnern, bekannt gegeben werden.

Hierzu bieten sich u. a. verschiedene Möglichkeiten an:

■ Informationsbroschüren mit Anschreiben an die Mitarbeiter versenden,

■ Internetseite des Unternehmens,

■ verpflichtende Schulungsveranstaltungen für alle Mitarbeiter durch interne und externe Berater, die einmal jährlich wiederholt werden sollten,

■ Vorträge auf Tagungen, z. B. des Außendienstes,

■ Intranetseite speziell zu Compliance-Themen,

■ E-Mails der Geschäftsleitung,

■ den Mitarbeitern Web-basierte Trainings zur Verfügung stellen.

Kommunikation ist die Grundlage jeglicher Neu- oder Umorganisation, auch bei der Einführung einer Compliance-Organisation. Jeder Mitarbeiter muss bestrebt sein, möglichst viel eigenen und an anderer Stelle im Unternehmen vorhandenen Sachverstand in einen Entscheidungsprozess einzubinden. Zu einer erfolgreichen Mitarbeit beim Aufbau einer Compliance-Organisation gehört neben der Teamfähigkeit aber auch die eigene Initiative. Beweisen Sie immer wieder ihre Teamfähigkeit. Bitten Sie Ihren Vorgesetzen, Ihnen auch Sonderaufgaben zu übertragen, beispielsweise die Leitung eines Projektes oder eines Sachgebiets. Delegieren Sie oder Ihr Vorgesetzter Aufgaben an Mitarbeiter, bringen Sie sich und Ihr Wissen ein. Sie haben sich inzwischen ein großes Wissen über Compliance angeeignet. Nicht jeder interessiert sich für das Thema, und nicht jeder ist bereit, sich damit auseinanderzusetzen. Aber Sie sind es! Informieren Sie Ihre Kolleginnen und Kollegen, dass Sie ein kompetenter Ansprechpartner sind. Sprechen Sie mit Ihrem Chef und zeigen

Sie ihm auf, mit welchen Möglichkeiten und vielleicht auch neuen Ideen Sie ihn entlasten können bzw. lassen Sie sich neue oder weitere Aufgaben im Bereich Compliance übertragen. Denn Sie haben inzwischen gelernt, wie vielseitig Compliance ist. Darunter ist bestimmt auch der eine oder andere Bereiche, der Ihnen liegt und den Sie gerne übernehmen würden.

2.8 Die wichtigsten Pflichten der Unternehmensleitung

In vielen Unternehmen besteht eine rechtliche Pflicht zum Aufbau einer Compliance-Organisation. Sie folgt daraus, dass die vertretungsbefugten Organe von AG und GmbH gegenüber der Gesellschaft eine Reihe von Gesetzen zu beachten haben. Eine Verletzung dieser aus den Gesetzen resultierenden Pflichten kann eine persönliche Haftung der Geschäftsleitung gegenüber der Gesellschaft und gegenüber Dritten zur Folge haben und zu einer Reihe weiterer Rechtsfolgen führen. Diese können insbesondere strafrechtlicher Natur sein, wie z. B. Sanktionen des Ordnungswidrigkeitenrechts, sowie zu steuerrechtlichen, aufsichtsrechtlichen oder gesellschaftsrechtlichen Konsequenzen führen.

Denken Sie beispielsweise an das Bankenwesen. Es gibt immer wieder Vorwürfe wegen leichtfertiger Kreditvergabe, und damit ist nicht der Kredit an den „normalen" Verbraucher gemeint, sondern die großen Kredite, die an Unternehmen vergeben werden. Warum sonst ist es zur Bankenkrise gekommen? Einer der Auslöser war ganz klar die leichtfertige Vergabe von Krediten ohne die notwendigen Sicherheiten. Auch die Unternehmensleitung muss bei Pflichtverletzungen grundsätzlich mit der fristlosen Kündigung rechnen und kann zum Schadenersatz herangezogen werden.

Zu den wichtigsten Pflichten der Unternehmensleitung gehören:

■ Sorgfalts- und Treuepflicht,

■ Buchführungs- und Bilanzierungspflicht,

■ Überwachungspflichten,

■ Öffentlich-rechtliche und gesellschaftsrechtliche Pflichten,

■ Compliance-Pflichten.

2.8.1 Sorgfalts- und Treuepflicht

Die Unternehmensleitung hat gegenüber dem Unternehmen allgemeine Sorgfalts- und Treuepflichten einzuhalten. Diese Pflichten leiten sich aus der Organstellung der Unternehmensleitung innerhalb des Unternehmens, also ihrer Position, ab. Ein Vorstandsvorsitzender hat beispielsweise die Pflicht, das Unternehmen zu repräsentieren. Er leitet die Hauptversammlung. Das sind Pflichten aus seiner „Organstellung" im Unternehmen, denn der Vorstand ist eines der Organe in einer Aktiengesellschaft. Der Arbeitsvertrag bzw. Angestelltenvertrag der Vorstände legt ihnen andere Pflichten auf. Eine Pflicht ist es, das die Unternehmensleitung „die Sorgfalt eines ordentlichen Geschäftsmanns" an den Tag legt. Noch mal zur Erinnerung: Organe einer Aktiengesellschaft sind:

Vorstand

Die Aufgaben des Vorstands sind:

- ■ Leitung der Geschäfte auf eigene Verantwortung,
- ■ Unterrichtung des Aufsichtsrats,
- ■ Sorgfaltspflicht bei Buch- und Geschäftsführung,
- ■ Veröffentlichung des Jahresabschlusses.

Aufsichtsrat

Die Aufgaben des Aufsichtsrats sind:

- ■ Bestellung und Abbestellung der Vorstände für maximal fünf Jahre,
- ■ Genehmigung zustimmungspflichtiger Geschäfte,
- ■ Prüfung des Jahresabschlusses und des Dividendenvorschlags,
- ■ Wahl des Aufsichtsratsvorsitzenden aus der Mitte des Aufsichtsrats.

Die Belegschaft (Mitarbeiter) wählt Arbeitnehmervertreter in den Aufsichtsrat.

Hauptversammlung

Die Aufgaben der Hauptversammlung sind:

- ■ Wahl der Aufsichtsräte der Anteilseignerseite,
- ■ Entlastung von Vorstand und Aufsichtsrat,
- ■ Beschluss über Dividende,
- ■ Beschlüsse über Kapitalerhöhungen,
- ■ Genehmigung über Kapitalerhöhungen,
- ■ Bestellung von Abschluss- und Sonderprüfern.

Die Unternehmensleitung hat dabei u. a. die Pflicht zur ordnungsgemäßen Führung des Unternehmens unter Einhaltung der durch Gesetz, Satzung und Anstellungsvertrag festgelegten Grenzen.

Dazu gehört insbesondere die Bindung an die durch die Satzung und den Anstellungsvertrag vorgegebene Kompetenzordnung des Unternehmens. Dies bedeutet, dass die Unternehmensleitung:

- Sämtliche Geschäfte sind zum Wohle und im Interesse des Unternehmens wahrzunehmen.

- Alles, was dem Unternehmen schaden könnte, ist zu unterlassen.

- Die Unternehmensleitung hat stets die wirtschaftlichen Vorteile des Unternehmens im Auge zu behalten.

- Die Unternehmensleitung ist grundsätzlich nicht berechtigt, mit dem Unternehmen in Wettbewerb zu treten und ihr somit Geschäftschancen zum eigenen Wohl zu entziehen.

- Dem Unternehmen steht bei Verletzung dieser Pflichten ein Unterlassungs- und Schadenersatzanspruch zu.

- Es ist untersagt, Betriebs- und Geschäftsgeheimnisse unbefugt weiterzugeben, siehe hierzu § 93 Abs. 1 S. 3 AktG und § 85 GmbHG.

2.8.2   Buchführungs- und Bilanzierungspflicht

Jeder Kaufmann ist verpflichtet, Bücher zu führen und seine Vermögenslage nach den Grundsätzen ordnungsgemäßer Buchführung darzustellen.

Wer Kaufmann ist, wird im HGB definiert. Es wird unterschieden zwischen einem „Istkaufmann" und einem „Formkaufmann":

- Istkaufmann, § 1 Abs. 1 HGB:

  Kaufmann ist, wer ein Handelsgewerbe betreibt. Hierzu zählen gewerbliche Einzelunternehmer und insbesondere die Personenhandelsgesellschaften OHG und KG. Freiberufler (z. B. Steuerberater, Wirtschaftsprüfer etc.) sind keine Kaufleute.

- Formkaufmann, § 6 Abs. 1 HGB:

  Kapitalgesellschaften wie die GmbH oder die Aktiengesellschaft unterliegen allein durch ihre Rechtsform dem HGB. Inhalt und Umfang der Tätigkeit sind ohne Bedeutung.

Es gibt noch eine weitere Reihe von gesetzlichen Vorschriften, die Unternehmer bei der Buchführungs- und Bilanzierungspflicht zu beachten haben. Sie hier alle aufzuführen, würde den Rahmen dieses Buches sprengen.

Für Sie bedeutet dies: Je nachdem, in welchem Bereich Sie arbeiten, kommt bei der Aufstellung des Jahresabschlusses jede Menge Arbeit auf Sie zu. Bei einigen Unternehmen wird inzwischen ein Compliance-Bericht veröffentlicht bzw. zumindest der Vorstand unterrichtet. Darin wird aufgezeigt, ob es „große" Compliance-Fälle (grobe und schwerwiegende Verstöße gegen geltendes Recht und die Grundsätze, Werte und Regeln des Unternehmens) gab. Dazu zählen ganz besonders Korruptionsfälle wie auch Verstöße gegen die Menschenrechte nicht nur in Deutschland, sondern weltweit.

Kapitalgesellschaften haben also die haftungsrechtliche Verantwortung für eine ordnungsgemäße Buchführung. Sie müssen den Jahresabschluss nach § 325 HGB beim Betreiber des elektronischen Handelsregisters einreichen und können die Verantwortung für Bilanz und Jahresabschluss dabei weder durch die Satzung noch durch Beschlüsse auf Dritte übertragen. Die Unternehmensleitung kann sich dieser umfangreichen Verantwortung nicht entziehen und hat schon aus diesem Grund die Überwachungsaufgaben wahrzunehmen. Bei der Verletzung der Rechnungslegungsvorschriften drohen steuer-, straf- und ordnungsrechtliche Sanktionen.

2.8.3   Überwachungspflichten

Da die Unternehmensleitung nicht alle Maßnahmen im Unternehmen selbst leiten bzw. überwachen kann (denken Sie allein an die Größe mancher Unternehmen), ist die Unternehmensleitung befugt, einzelne Aufgabengebiete zu delegieren. Dies geschieht meist an nachgeordnete Mitarbeiter der oberen Führungsebene. Dennoch muss die Unternehmensleitung verschiedene Überwachungs- und Risikokontrollpflichten selbst wahrnehmen. Dazu gehören z. B. die Führung des Unternehmens, die Bestimmung der Unternehmensziele, Kauf und Verkauf von Unternehmensteilen, die Veröffentlichung, die Verantwortung für den Jahresbericht und vieles mehr.

Bei Delegation von Aufgaben müssen verschiedene Anforderungen berücksichtigt werden:

■ Bei der ordnungsgemäßen Auswahl von Mitarbeitern müssen

- Qualifikation und
- persönliche Eignung (Zuverlässigkeit, Belastbarkeit)

geprüft werden.

Die Qualifikation weisen die Mitarbeiter schon alleine durch Ausbildung, Studium und Berufserfahrung nach. Das soll aber nicht heißen, dass nur „Studierte" die Chance haben, in eine Führungsposition zu gelangen. Auch Mitarbeitern mit langjähriger Berufserfahrung, die durch Engagement, Belastbarkeit und Flexibilität und durch die Quantität und Qualität ihrer Arbeit herausstechen, werden solche Positionen angeboten. Denn auch ein Arbeitgeber weiß: Wer sich durch Weiterbildung gerade neben dem Beruf und durch Einsatz in seinem Aufgabengebiet für immer mehr Führungsaufgaben qualifiziert, hat nicht nur jahrelang Know-how in dem Unternehmen angesammelt. Er zeigt gleichzeitig auch seine Belastbarkeit und seinen Willen, sich und andere weiterzuentwickeln.

Das zählt dann auch schon zur persönlichen Eignung. Viele Unternehmen bieten ihren Mitarbeitern die Chance, durch gezielte Führungsseminare (Leadership Training) ihre persönliche Eignung zu verbessern und sich zu qualifizieren.

Neue Mitarbeiter müssen vor Einstellung nicht nur das erste und zweite Bewerbungsgespräch absolvieren, in vielen Unternehmen gehen sie auch durch ein „Assessment Center". Dabei handelt es sich um ein Personalauswahlverfahren. Führungskräfte aus dem Unternehmen, bei dem Sie sich beworben haben, beobachten Sie, geben Ihnen Aufgaben, die Sie bewältigen müssen, testen Sie und Ihre persönlichen Fähigkeiten, denn nur eine fachliche Qualifikation ist nicht ausreichend. Im Folgenden finden Sie einen Artikel aus dem Manager Magazin über dieses Thema. Der Link führt Sie zu einem Test mit 25 Fragen. Zum Schluss haben Sie die Möglichkeit, Ihr eigenes Testergebnis auswerten zu lassen (Quelle: manager magazin, online, Artikel: Sind Sie fit für's Assessment Center, Link: http://www.manager-magazin.de/unternehmen/karriere/0,2828,347841,00.html).

„Wer einen Spitzenjob anstrebt, der kommt selten an so genannten Assessment Centern vorbei. Wie gut sind Sie auf diese Herausforderung vorbereitet? Sind Sie wirklich in der Lage, Ihre Rivalen zu schlagen? Überprüfen Sie im AC-Test, ob Sie fit genug sind für die härteste Form der Bewerberauswahl, und verbessern Sie Ihr Können.

Spannung liegt in der Luft. Acht junge, gut gekleidete Menschen sitzen kerzengerade an einem großen Tisch. Die Herren in Anzug und Krawatte, die Damen im Kostüm. Es fällt kein Wort. Von der Tischfront aus beäugen drei Personaler kritisch die nervöse Bewerbergruppe. Jetzt bloß nichts falsch machen. Der Tag der Entscheidung ist gekommen. Der Tag, an dem sich die angehenden Führungskräfte unter Beweis stellen müssen. Die Prüfung heißt Assessment Center (AC), das wohl härteste Auswahlverfahren für künftige Jungmanagerinnen und -manager.

Wer es bis hierhin geschafft hat, der darf sich schon glücklich schätzen. Doch nun beginnt der eigentliche Extremtest, die Durchleuchtung der eigenen Fähigkeiten und der Persönlichkeit – nicht selten an zwei aufeinander folgenden Tagen. Der Stressfaktor ist enorm. Sollten Sie bei der Vorbereitung allein ihren Qualitäten vertrauen? Wer Unternehmen fragt, der erhält häufig zur Antwort: ‚Sich natürlich zu geben ist das A und O.‘ Ein trügerischer Ratschlag: Denn natürliche Reaktionen auf Stress sind Angriff oder Flucht – und damit ist das Scheitern programmiert. Karriereberater empfehlen deshalb dringend, sich schon im Vorfeld auf die Probe zu stellen.

Ermitteln Sie im AC-Test, wie gut Sie auf ein Assessment Center vorbereitet sind. Der Check, den manager-magazin.de zusammen mit den Karriereberatern Christian Püttjer und Uwe Schnierda, Autoren des Ratgebers ‚Assessment-Center-Training für Führungskräfte‘, entwickelt hat, zeigt Ihnen, wie es um Ihre AC-Fitness bestellt ist, und gibt Ihnen Tipps, wie Sie Ihre Fähigkeiten verbessern können."

■ Es muss eine ordnungsgemäße Einweisung in die übertragenen Aufgaben erfolgen.

Dies bedeutet, dass Fachpersonal die Aufgaben darlegt und erläutert. Wenn jemand z. B. neu im Bereich Controlling anfängt, bringt es nichts, wenn jemand aus dem Bereich Personal die Einarbeitung übernimmt, Sämtliche Informationen, die für die übertragenen Aufgaben benötigt werden, müssen zur Verfügung gestellt werden. Bei späteren Fragen muss ein Ansprechpartner vorhanden sein. Wichtig ist es auch zu wissen, wie Ergebnisse präsentiert werden sollen oder müssen. Verantwortlichkeiten und Aufgabenbereich müssen vorher klar definiert und abgegrenzt werden. Die notwendigen Mittel zur Erfüllung der Aufgabe (in der heutigen Zeit gehören auf jeden Fall ein Laptop und ein Blackberry bzw. ein Handy dazu sowie die entsprechende Büroausstattung etc.

■ Weiterhin muss eine ordnungsgemäße Überwachung sichergestellt werden.

Die Unternehmensleitung wird die Arbeiten stichprobenhaltig kontrollieren, regelmäßige Meetings mit der Führungskraft abhalten, Unstimmigkeiten oder Unklarheiten aus dem Weg räumen und sich Ergebnisse vorlegen lassen.

Bleiben wir erst einmal beim Thema Controlling. Sie bzw. Ihr Unternehmen stellt einen neuen Leiter für die Controlling-Abteilung ein. Hier könnten Sie stichprobenartig überprüfen, ob z. B. die Zahlen am Ende von Quartal 1 ähnlich sind wie die Zahlen des Vorjahres. Sind große Abweichungen vorhanden, muss geklärt werden, ob es besondere Ausgaben gab oder nur ein grober Rechenfehler vorliegt. Auch das ist ein Gebiet, in dem Sie als Mitarbeiter tätig werden können?

■ Es müssen notwendige Kenntnisse vermittelt werden z. B. durch Schulungen.

Diese Schulungen werden meistens extern durchgeführt. Nur wenige Firmen haben eine eigene Bildungsabteilung. Hinzu kommt, dass es für viele Bereiche fachspezifische und qualifizierte Ausbildungsunternehmen gibt, die ihr Wissen sehr gut vermitteln können. Auch Verbände wie der VCI (Verband der Chemischen Industrie) bieten solche Weiter- oder Ausbildungen an.

■ Notwendige Mittel müssen zur Verfügung gestellt werden.

Die notwendigen Mittel zur Erfüllung der Aufgabe sind in der heutigen Zeit auf jeden Fall ein Laptop und ein Blackberry oder ein Handy sowie die entsprechende Büroausstattung etc. Je nach Stellung im Unternehmen gehört auch ein Dienstfahrzeug oder die Ausstattung für einen Heimarbeitsplatz dazu. Und nicht zu vergessen: die Assistentin. Die Kriterien sind in jedem Unternehmen anders. Erkundigen Sie sich, wie es in Ihrem Unternehmen gehandhabt wird. Stellen Sie sicher, wenn Sie als Assistentin für eine neue Führungskraft eingesetzt werden, dass alle notwendigen Mittel am ersten Arbeitstag Ihres neuen Vorgesetzten vorhanden sind und funktionieren.

Die aufgeführten Kriterien gelten natürlich auch grundsätzlich bei der Aufteilung der Aufgaben in verschiedene Abteilungen.

Das entsprechende Vorstandsmitglied oder aber auch das Geschäftsführungsmitglied ist weiterhin für die Überwachung des ihm unterstellten Ressorts zuständig. Das gleiche gilt dann auch wieder innerhalb der einzelnen Bereiche/Abteilungen. Der jeweilige Abteilungs-/Bereichsleiter kann wiederum die ihm übertragenen Aufgaben weiter delegieren.

Viele der Aufgaben, die z. B. in einem solchen Bereich delegiert werden, gehen direkt an Sie als Assistenz. Dort liegt für Sie die Chance, für sich eigene Aufgabengebiete aufzubauen, denn wie Sie selber wissen: die „reine" Sekretärin gibt es heute so gut wie gar nicht mehr. Sie sind oftmals zuständig für Budget, Projektassistenz, Insiderverzeichnisse, Compliance-Übersichten und vieles mehr.

Budget und Controlling

Wenn Ihnen Controlling Spaß macht und Ihnen Zahlen liegen, zögern Sie nicht und greifen Sie zu, bereichern Sie Ihr Aufgabengebiet. Controlling fängt an mit dem sogenannten Kostenstellen-Controlling (welche Rechnungen und Kosten werden auf der Abteilungskostenstelle gebucht, sind die Ausgaben richtig und gerechtfertigt, müssen wir irgendwo die „Bremse" ziehen, um unser Budget nicht zu überschreiten) über die Jahresplanung des Budget und der bevorstehenden Kosten, Kontrolle des Budget weltweit (wenn Sie in einem global agierenden Unternehmen arbeiten) bis hin zum Personal-Controlling (wie viele Mitarbeiter haben wir, benötigen wir eine Aufstockung, werden Arbeitszeiten reduziert oder aufgestockt etc.). Sie sehen, Controlling hat ein breites Spektrum. Sie stärken mit der Übernahme solcher Aufgaben Ihre eigene Stellung im Unternehmen. Hinzu kommt, dass Sie überprüfen können, ob Zahlungsvorgänge „compliant" sind. Aber wie können Sie das feststellen?

Schauen Sie sich die Rechnung an. Hat die Firma z. B. ihren Sitz in den USA und gibt ein Konto auf den Cayman Inseln an, ist es klar, dass das Geld nicht überwiesen werden kann. Wichtige Kriterien zur Überprüfung sind:

- ■ Konto und Hauptfirmensitz sind im gleichen Land.

- ■ Ist dies nicht der Fall: Bedenken Sie, dass viele Firmen z. B. in Deutschland extra Konten eingerichtet haben, auch wenn sie ihren Hauptsitz in anderen Ländern haben. Das erspart Überweisungskosten.

- ■ Keine Überweisungen auf Privatkonten, es sei denn, es wurde vorher vertraglich festgelegt. Als Beispiel: Zu einer großen Tagung holen Sie sich einen Professor als Gastredner. Wenn dieser Professor für sich und nicht für ein Institut arbeitet, dann kann das Geld auf sein Privatkonto überwiesen werden. Solche Angaben sind auch in den Verträgen festgehalten.

- ■ Sie kennen die Firma nicht und die Rechnung erscheint Ihnen „dubios"? Suchen Sie im Internet nach Informationen über die Firma. Viele Fragen und Unstimmigkeiten klären sich dann ganz schnell.

- ■ Wenn Sie unsicher sind: Sprechen Sie mit Ihrem Compliance Officer oder einem Anwalt in Ihrem Unternehmen. Diese werden Sie gerne unterstützen.

Erkundigen Sie sich in Ihrem Unternehmen, wie bei Ihnen mit solchen Zahlungsvorgängen umgegangen wird. Oftmals sind Wertgrenzen gesetzt, alle Rechnungen ab einem bestimmten Betrag, z. B. 10.000 Euro, werden genau überprüft. Den Rechnungen müssen Verträge oder Angebote zugrunde liegen. Ohne Nachweis darf keine Rechnung bezahlt werden.

Hat Ihr Unternehmen eine eigene Einkaufsabteilung? Dann können Sie davon ausgehen, dass auch bei Ihnen der Grundsatz gilt: Es wird keine Rechnung bezahlt, für die nicht eine

Bestellung in das vorhandene firmeninterne System eingestellt wurde. Die Bestellung ist dann die Grundlage für die Rechnung.

2.8.4 Öffentlich-rechtliche und gesellschaftsrechtliche Pflichten

Zu diesen Pflichten gehören:

- Verpflichtung zur Anmeldung eintragungspflichtiger Tatsachen beim zuständigen Handelsregister (z. B. § 188 AktG).

   § 188 AktG gibt Ihnen genau vor, was zu den eintragungspflichtigen Tatsachen gehört.

   „§ 188 AktG Anmeldung und Eintragung der Durchführung

   (1) Der Vorstand und der Vorsitzende des Aufsichtsrats haben die Durchführung der Erhöhung des Grundkapitals zur Eintragung in das Handelsregister anzumelden.

   (2) Für die Anmeldung gelten sinngemäß § 36 Abs. 2, § 36a und § 37 Abs. 1. Durch Gutschrift auf ein Konto des Vorstands kann die Einzahlung nicht geleistet werden.

   (3) Der Anmeldung sind beizufügen

   1. die Zweitschriften der Zeichnungsscheine und ein vom Vorstand unterschriebenes Verzeichnis der Zeichner, das die auf jeden entfallenden Aktien und die auf sie geleisteten Einzahlungen angibt;

   2. bei einer Kapitalerhöhung mit Sacheinlagen die Verträge, die den Festsetzungen nach § 183 zugrunde liegen oder zu ihrer Ausführung geschlossen worden sind;

   3. eine Berechnung der Kosten, die für die Gesellschaft durch die Ausgabe der neuen Aktien entstehen werden.

   (4) Anmeldung und Eintragung der Durchführung der Erhöhung des Grundkapitals können mit Anmeldung und Eintragung des Beschlusses über die Erhöhung verbunden werden."

- Verpflichtung zur Abführung von Steuern.
- Verpflichtung zur fristgerechten Abführung von Sozialversicherungsbeiträgen.

Sollten Sie Interesse an weiterer Lektüre haben, ist es leider gar nicht einfach, das richtige Buch zu finden. Gerade dieses Thema finden Sie ganz oft nur in Kommentarbüchern zu den jeweiligen Gesetzen.

Im Rahmen des Aufbaus bzw. der Etablierung der Compliance-Organisation muss der relevante Pflichtenkreis definiert werden. Die meisten Pflichtenkreise sind branchenabhängig, außer den folgenden:

- Allgemeine Gleichbehandlung,

- Datenschutzrecht,

- Arbeitssicherheitsrecht,

- Wettbewerbsrecht,

- Außenhandelsrecht,

- Geldwäscherecht,

- Strafrecht,

- Arbeitsrecht.

Branchenspezifische Pflichten können sein:

- Arzneimittelrecht,

- Kreditwesenrecht,

- Versicherungsrecht.

Auch dies ist nur eine kleine Auswahl. Je nachdem, in welchem Unternehmen Sie arbeiten, wird ein unternehmensspezifisches Pflichtenheft erstellt worden sein.

2.9   Compliance-Organisation

Aus den bisherigen Ausführungen wird die Notwendigkeit deutlich, Compliance im Unternehmen einzuführen. Nur so kann die Unternehmensleitung der zunehmenden Anzahl von Haftungstatbeständen Herr werden und das Unternehmen durch die Einhaltung der gesetzlichen Verpflichtungen gegenüber der Gesellschaft absichern. Auch der langfristige Unternehmenserfolg wird durch die Schaffung einer gut funktionierenden Compliance-Struktur unterstützt, denn sie kann Zwischenfälle durch Rechtsverstöße minimieren, rechtliche Fehlerquellen aufdecken und somit einen rechtskonformen internen Informationsfluss sicherstellen. Dies trägt auch zu einer guten Image-Wirkung des Unternehmens nach außen bei.

Um allen gesetzlichen und unternehmerischen Vorgaben gerecht zu werden, erfordert Corporate Compliance als ersten Schritt die Einrichtung eines Compliance-Systems.

Da sich die externen Rahmenbedingungen immer schneller ändern, umfasst eine gute Compliance-Organisation auch die aufmerksame Beobachtung des geschäftlichen und rechtlichen Umfelds, um eine erforderliche Anpassung der eigenen Organisation schnell vornehmen und umsetzen zu können.

Je nachdem, welche Kontrollsysteme im Unternehmen schon bestehen und welche Faktoren für das Unternehmen eine Rolle spielen, muss die Unternehmensleitung entscheiden, ob nur noch einzelne Teilbereiche eingerichtet werden müssen oder, ob das Unternehmen eine komplette Compliance-Organisation aufbauen muss.

Corporate Compliance setzt eine klare Organisationsstruktur im Unternehmen voraus. Diese erfasst zuerst die Unternehmensleitungsorganisation, für die kraft Gesetz das Prinzip der Gesamtverantwortung gilt. Des Weiteren sollten Hotlines, Compliance Officer in den Ländern, ein Compliance-Committee etc. eingerichtet werden. In der heutigen schnelllebigen Zeit ändern sich auch immer wieder Unternehmensstrukturen. So muss auch die Compliance-Struktur immer wieder angepasst werden, z. B. wenn neue Unternehmensbereiche dazukommen oder verkauft werden. Änderungen in der Organisation bedeuten auch, dass Funktionen und Maßnahmen oftmals neu definiert und delegiert werden. Dabei ist sicherzustellen, dass die Organisations- und Delegationsentscheidungen sowie die Berichtswege und die Kompetenzen schriftlich niedergelegt und jederzeit nachvollziehbar und vor allem nachprüfbar sind.

Bei der Delegation von Verantwortung muss auch immer das Thema Personalauswahl angesprochen werden. Sie muss sorgfältig erfolgen, die jeweils benötigte Kernkompetenz (hier sei z. B. an den Umgang mit Personal gedacht) muss schon vorhanden sein. Die neuen Führungskräfte müssen sorgfältig eingearbeitet und mit ihren neuen Aufgaben vertraut gemacht werden.

Das Thema Organisation zielt auch auf eine systematische Einrichtung einer guten Kommunikationsorganisation ab.

Folgende grobe Struktur soll Ihnen verdeutlichen, wie eine Compliance-Organisation aufgebaut werden kann:

Abbildung 2.1:   Struktur einer Compliance-Organisation

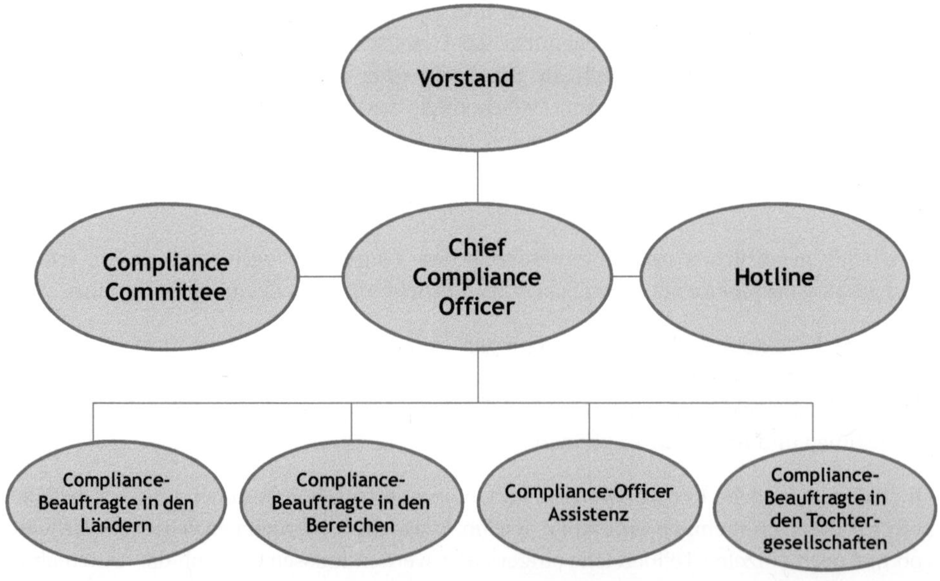

Neben einem Chief Compliance Officer können noch weitere Ebenen eingerichtet werden:

- Compliance-Manager in den einzelnen Ländern,

- unabhängiges Kontrollgremium,

- Verantwortlicher in der Rechtsabteilung, wenn dieser nicht sogar der Chief Compliance Officer ist,

- Hotline, um auch die Möglichkeit der Anonymität zu wahren,

- Compliance-Verantwortliche in den einzelnen Bereichen,

- Compliance-Committee,

- Interne Revision,

- Compliance-Assistenz des Compliance Officers.

2.10   Compliance-Broschüre und weitere Maßnahmen

Nachdem das Unternehmen sich für eine Compliance-Organisation entschieden hat, diese eingerichtet und aufgebaut wurde, müssen verschiedene Handlungs- und Verhaltensanweisungen erstellt werden. Zusätzlich dazu sollte das Unternehmen eine Compliance-Broschüre erstellen, mit der es sich an die Mitarbeiter wendet und diese auf Compliance „einschwört". Sie muss an alle Mitarbeiter, egal ob sie im Büro, in der Produktion, in der Forschung, im Postbüro etc. arbeiten, verteilt werden. Zusätzlich sollte zusammen mit der Broschüre ein persönliches Anschreiben an die Mitarbeiter verschickt werden.

Wenn Sie sich für weitere Compliance-Programme bzw. -Broschüren interessieren, schauen Sie im Internet nach. Dort finden Sie bestimmt auch Compliance-Programme aus Ihrem Industriezweig.

Die Unternehmensleitung, die Compliance-Mitarbeiter und die Vorgesetzten sollten bzw. müssen Compliance leben und dies auch den Mitarbeitern immer wieder zeigen.

Die Verpflichtung zur Compliance sollte auch auf der Internet-Seite des Unternehmens ersichtlich sein. Vorteilhaft wäre es, wenn es ein Organigramm der Compliance-Organisation gibt, auf welches die Mitarbeiter im Bedarfsfall zurückgreifen können.

Bei kleinen und mittelständischen Unternehmen kann dies auch in Tabellenform geschehen: Name, Vorname, Position, Telefon, Fax, E-Mail und vielleicht auch direkt ein Button Kontakt, und automatisch wird eine E-Mail erstellt oder es öffnet sich ein Eingabefenster, in dem der Mitarbeiter sein Compliance-Problem angeben kann.

Arbeiten Sie in einem großen Unternehmen, erleichtert ein Organigramm die Suche nach dem zuständigen Compliance Officer. Auch hier kann anstelle eines Organigramms eine

Tabelle erstellt werden. Hier sollte als oberstes Sortierkriterium das Land und dann die in dem Land Zuständigen angegeben werden.

Die Mitarbeiter müssen geschult werden und genau wissen, was in Bezug auf Compliance zu ihren Pflichten gehört. Ebenso sollten sie natürlich auch ihre Rechte kennen. Ihnen muss verdeutlicht werden, dass Compliance-Verstöße geahndet werden, egal welcher Art und egal auf welcher Ebene. Ihnen muss bewusst sein, dass ihr Anliegen ernst genommen wird und dass jedem vorgetragenen Compliance-Fall nachgegangen wird.

Schauen Sie beispielsweise auf die Internetseite der Siemens AG. Dort sehen Sie sehr gut, was alles zu Compliance oder auch Corporate Compliance gehört. Dort stehen auf der rechten Seite sehr übersichtlich die weiteren Compliance-Themen wie Nachhaltigkeit, Mitarbeiter, Umwelt und vieles mehr. Auch die Seite von Thyssen Krupp bietet einen guten Compliance-Einblick. Dort wird z. B. auch die Schulungsstatistik auf der Internetseite veröffentlicht.

Um aufzuzeigen, wie komplex und vor allen Dingen sensibel das Thema Compliance ist, hier ein Auszug aus dem manager magazin (Quelle: manager magazin, Online-Ausgabe 10/2007, Internet, http://www.manager-magazin.de/magazin/print/index-2007-10.html):

> „Es gilt, ein Fiasko wie bei Siemens zu vermeiden, wo Ex-Compliance-Chef Albrecht Schäfer vorgeworfen wird, Vorstand und Aufsichtsrat nicht immer rechtzeitig und umfassend über Korruptionsverdacht informiert zu haben – was Schäfer mit Nachdruck bestreitet.
>
> Jetzt ist die Suche nach dem nächsten obersten Gesetzeshüter Chefsache: Die Top-Headhunter von Egon Zehnder suchten weltweit Kandidaten mit guten Kontakten zur Regierung, nach Brüssel und zur US-Börsenaufsicht SEC – und mit Sinn fürs operative Geschäft. Es sind nicht nur formale Qualifikationen, die den Job eines CCOs so anspruchsvoll machen. Natürlich sollte er sich auskennen in den Gesetzen, in BWL, Kriminalistik, Organisationsmanagement und Psychologie. Unverzichtbar ist aber seine emotionale Intelligenz. ‚Ein CCO muss die Organisation sanft verändern, er sollte gleichzeitig Vertrauen und karte Kante ausstrahlen‘, sagt Expertin Galley. Er muss Regeln aufstellen, kommunizieren und ihre Einhaltung überwachen. Er darf Rechtsverletzungen nicht tolerieren – aber auch nicht alles verbieten, sonst macht die Firma kein Geschäft mehr. (…)"

2.11   Compliance-Regelungen

Es gibt viele unterschiedliche Compliance-Regelungen in den verschiedenen Unternehmen, aber auch einige, die in den meisten Unternehmen ähnlich oder gleich sind.

Die gängigsten und am häufigsten verwendeten Compliance-Regelungen von Unternehmen sind:

Fairer Wettbewerb - keine verbotenen Kartellabsprachen

Das Unternehmen bekennt sich ohne jede Einschränkung zum fairen Wettbewerb und zur fairen Vertragsgestaltung gegenüber seinen Geschäftspartnern. Sollte der Rechtsabteilung im Rahmen ihrer Tätigkeit z. B. ein Passus in einem Vertrag auffallen (Verträge sollten grundsätzlich von der Rechtsabteilung geprüft werden), der zweideutig ist oder aber sogar in Richtung Kartellbildung geht, wird diese sofort darauf reagieren und die Verantwortlichen entsprechend darauf hinweisen. In großen Unternehmen gibt es meistens eine eigene Rechtsabteilung, die bei Vertragsverhandlungen von Anfang an eingebunden ist.

Die wichtigsten kartellrechtlichen Tabus sind:

- ■ Preisabsprachen,

- ■ Absprachen über Marktanteile,

- ■ Kapazitätsabsprachen,

- ■ Aufteilung regionaler Märkte,

- ■ Aufteilung von Kunden,

- ■ Preisbindungen.

Schon ein abgestimmtes Verhalten („Concerted Actions"), informelle Gespräche oder formlose Gentlemen Agreements, die eine Wettbewerbsbeschränkung bezwecken oder bewirken können, sind verboten.

Vorsicht ist ebenso beim Umgang mit Marktinformationen geboten. Verbände bieten auf ihren Tagungen Gelegenheit, mit Wettbewerbern zusammenzutreffen und gemeinsam interessante Fragen zu erörtern. Dies ist völlig legitim, wenn die Grenzen des Kartellrechts gewahrt werden. Auch Marktforschung ist unverzichtbar und gleichermaßen zulässig. „Benchmarking" (Vergleich mit führenden Wettbewerbern auf dem Markt in verschiedenen Bereichen wie z. B. Dienstleistungen, Prozesse etc.) mit Wettbewerbern ist grundsätzlich möglich. Allerdings: In all diesen Fällen gibt es „Spielregeln", die darauf hinauslaufen, wettbewerbsempfindliche Informationen so zu anonymisieren, dass ihre Herkunft nicht mehr nachvollzogen werden und dadurch ein Einfluss auf das aktuelle Marktgeschehen ausgeschlossen werden kann. Mit Wettbewerbern können keine Informationen über Kundenbeziehungen, Preise, bevorstehende Preisänderungen, in der Regel Kosten o. Ä., ausgetauscht werden. Eigene Kalkulationen, Kapazitäten oder Planungen dürfen gegenüber Mitbewerbern nicht offengelegt werden.

Sie sehen, hier eröffnet sich Ihnen ein weites Feld für die Mitarbeit. Sollten Sie als Assistenzkraft arbeiten, gehen fast alle diese Schriftstücke und E-Mails auch über Ihren Schreibtisch. Aber auch als Sachbearbeiter, Referent oder leitender Mitarbeiter können Sie von Anfang an darauf achten, compliant zu handeln. Kommt z. B. eine Einladung zu einem Event von einem Verband, bei dem aus dem Text schon klar zu erkennen ist, dass Zweifel aufkommen könnten, ob die Grenzen des Kartellrechts eingehalten werden, holen Sie sich rechtlichen Rat in der Rechtsabteilung.

Soll ein Benchmark durchgeführt werden, achten Sie darauf, über welche Themen er gemacht wird. Wenn Sie kein Jurist sind, wissen Sie oftmals gar nicht, inwieweit Sie Vergleiche über Daten anstellen dürfen oder nicht. Bei Unsicherheiten sollte immer die Rechtsabteilung eingebunden werden.

Gefahrstoffe: Gewährleistung der Sicherheit

Gefahrstoffe dürfen nur in entsprechend gekennzeichneten Behältnissen und diese nur in zugelassenen Lagern gelagert werden. Der Zugriff unbefugter Dritter ist zu verhindern. Beim Umgang mit Gefahrstoffen sind die einschlägigen Vorschriften und technischen Regeln einzuhalten. Verbotene Stoffe dürfen nicht hergestellt oder in das Unternehmen gebracht werden.

Sie fragen sich jetzt sicher: Was hat das denn mit Compliance zu tun? Ganz einfach. Es gibt auch Compliance auf der Produktionsseite, und dazu gehören ganz klar die Kennzeichnung und Sicherheit gerade beim Umgang mit Gefahrstoffen.

Informieren Sie sich über die Gefahrstoffklassifizierungen. So wissen Sie, ob Sie und ein eventueller Besucher sich in bestimmten Bereichen bewegen dürfen oder nicht. Schauen Sie sich den Transportweg an. Ist er wirklich sicher oder birgt er Risiken?

Arbeitssicherheit: Jeder ist angesprochen

Jeder Mitarbeiter ist für die Arbeitssicherheit in seinem Bereich mitverantwortlich. Umweltschutz-, Arbeitsschutz- und Arbeitssicherheitsvorschriften sind strikt anzuwenden. Auch das gehört zum Bereich Compliance, wird aber in vielen Unternehmen oftmals vernachlässigt.

Ein großes Problem im Umgang mit Gefährdungsquellen ist die im Laufe der Zeit nachlassende Sorgfalt, weil die Einhaltung von Sicherheitsvorschriften als lästig empfunden wird und man die Überzeugung entwickelt, das Gefährdungspotenzial zu kennen. Jeder Mitarbeiter muss sich im eigenen Interesse, aber auch im Interesse der Kollegen und des ganzen Unternehmens zwingen, die Sicherheitsvorschriften konsequent anzuwenden. Dabei kommt den Vorgesetzten und damit auch Ihnen eine wichtige Vorbildfunktion zu.

Große börsennotierte Unternehmen müssen in ihrem Jahresbericht auch über Arbeitsunfälle und Erste-Hilfe-Maßnahmen berichten. Auch Verstöße gegen Umweltauflagen fließen in die Berichte ein. Die Vorstände unterschreiben für die Richtigkeit der Daten. Sie können selbst viel dafür tun, dass die Quote der Arbeitsunfälle nach unten geht oder unten bleibt. Weisen Sie Ihre Kolleginnen und Kollegen auf Gefahrenquellen hin, steigen Sie niemals selbst auf einen Stuhl statt auf eine Leiter, um etwas aus einem Regal zu holen.

Auch in den Büros gibt es viele Gefahrenquellen. Gehen Sie mit offenen Augen durch Ihr Unternehmen, zeigen Sie eventuell noch nicht entdeckte Gefahren an, lassen Sie sie kennzeichnen. So schützen Sie sich und Ihre Kolleginnen und Kollegen.

Jeder Mitarbeiter muss eine Arbeitssicherheitsschulung mitmachen. Ist dies in Ihrem Unternehmen schon geschehen? Wird diese Schulung regelmäßig aufgefrischt? Ein einfaches Beispiel: Achten Sie einmal darauf, wie viele Kolleginnen und Kollegen die Treppen hinuntergehen, ohne den Handlauf zu benutzen, dabei gleichzeitig mit dem Handy telefonieren und vielleicht noch mit der anderen Hand in die Tasche greifen. Machen Sie es vielleicht selbst so? Das sind Stolpergefahren, die schwere Unfälle nach sich ziehen können.

Einige Unternehmen sind schon dazu übergegangen und haben das Thema Arbeitssicherheit mit in die Schulungen zu Compliance einfließen lassen. Erstellen Sie webbasierte Schulungen. Sie finden das Thema interessant? Dann haben Sie schon den ersten wichtigen Schritt getan: Übernehmen Sie doch die Arbeitssicherheitsschulungen bei den Kolleginnen und Kollegen. Somit wird Ihr Chef entlastet und Sie haben ein neues Aufgabengebiet, das Ihnen Spaß macht.

Umwelt- und Klimaschutz

Die Umwelt, also Luft, Wasser und Boden, darf in der Regel gewerblich nur im Rahmen einer zuvor erteilten Genehmigung in Anspruch genommen werden. Die Errichtung und der Betrieb chemischer Produktionsanlagen sind ebenfalls in aller Regel genehmigungspflichtig. Hier geht es wieder um Produkt-Compliance. Sie sehen immer mehr, wie breit gefächert Compliance in einem Unternehmen ist. Viele Aspekte, an die man vorher gar nicht gedacht hat, gehören zum Compliance-Bereich. Oder haben Sie schon mal daran gedacht, dass man auch im Umweltschutz von „compliant" oder „non-compliant" sprechen kann?

Arbeiten Sie in einem Betrieb? Dann kennen Sie sich sicherlich schon bestens aus. Sollten Sie neu in diesem Bereich sein, dann holen Sie sich die notwendigen Informationen. Wenn Sie in einem chemischen Betrieb arbeiten, bekommen Sie hervorragende Daten, Informationen sowie Tipps auf der Seite des Verbands der Chemischen Industrie (VCI).

Der ungenehmigte Betrieb, jedes gezielte oder bloß in Kauf genommene Überschreiten der dem Anlagenbetrieb in einer Genehmigung gesetzten Grenzen oder die nicht genehmigte Einleitung von Stoffen in ein Gewässer setzt die dafür Verantwortlichen der Gefahr einer strafrechtlichen Verfolgung aus. Daneben können Schadenersatzansprüche Dritter zu einer finanziellen Belastung des Unternehmens führen.

Jede ungenehmigte Freisetzung von Stoffen ist daher zu vermeiden. Beim Umgang mit umweltbelastenden Ausgangs- und Endprodukten – Transport, Be- und Entladen, Lagerung, chemische Umwandlung – muss die Sicherheit gewahrt werden.

Ist es dennoch zu einer unbeabsichtigten Freisetzung oder einem ähnlichen Unfall gekommen, müssen die zuständigen Stellen des Unternehmens unverzüglich unterrichtet werden. Nur bei rechtzeitiger Kenntnis können die Auswirkungen begrenzt werden.

Der Umgang miteinander: Fairness und Respekt sind gefragt

Diese Compliance-Regelung finden Sie in jedem Compliance-Programm der Unternehmen. Obwohl diese Regel eigentlich als Selbstverständlichkeit betrachtet werden sollte, ist dies leider noch nicht in allen Unternehmen der Fall. Jeder Mitarbeiter sollte wissen, dass auch sein Verhalten dem Unternehmen zugerechnet wird und damit dessen Ruf nach außen wie nach innen prägt. Die Unternehmen erwarten daher von jedem Mitarbeiter einen freundlichen, sachbetonten und fairen Umgang mit Kolleginnen, Kollegen und Dritten.

Niemand darf wegen seiner Rasse, seiner Hautfarbe, seiner Nationalität, seiner Abstammung, seines Glaubens, seines Geschlechts, seines Alters, seiner körperlichen Konstitution oder seines Aussehens unsachlich benachteiligt, begünstigt, belästigt oder ausgegrenzt werden.

Bei dauerhaften Konflikten sind der Vorgesetzte und die Personalabteilung mit dem Ziel einer sachgerechten Lösung einzuschalten. Sexuelle Belästigung ist verboten. Jeder Mitarbeiter hat ein Recht darauf, gegen Belästigungen geschützt zu werden. Es ist nicht entscheidend, ob der belästigende Mitarbeiter oder die belästigende Mitarbeiterin sein bzw. ihr eigenes Verhalten für üblich oder akzeptabel hält oder ob der oder die Betroffene eine Ausweichmöglichkeit hat. Der Umgang aller Mitarbeiter muss in erster Linie von Vertrauen geprägt sein.

Gehen wir beispielhaft von einem drastischen Compliance-Verstoß aus. Eine Kollegin ist sexuell belästigt worden. An wen wird sie sich wenden? An ihren Vorgesetzten, der vielleicht auch noch ein Mann ist? Das ist selten der Fall. Viele Mitarbeiterinnen schämen sich oder denken, das gibt doch nur Gerede. Stärken Sie das Vertrauen der Kolleginnen und Kollegen in die Integrität des Compliance Officers oder der Hotline. Indem immer wieder auf die Integrität des Compliance Officers hingewiesen wird, z. B. in Schulungen, wird allen Mitarbeitern im Unternehmen klar, dass angezeigte Compliance-Verstöße auch bei dem Compliance Officer bleiben, und dass nicht in der ganzen Firma darüber geredet wird und dass jeder Compliance-Verstoß, egal auf welcher Ebene, auch geahndet wird.

2.12   Dokumentation

Die Tatsache, dass das Unternehmen über eine effiziente Corporate-Compliance-Struktur verfügt, muss natürlich auch dokumentiert werden. Die Entscheidungen, Prozesse, Maßnahmen und Berichtswege müssen jederzeit nachvollzogen werden können.

Bei jeder Untersuchung eines Compliance-Falls muss eine Fallakte geführt werden. Alle Schritte der Untersuchung müssen in nachvollziehbarer Weise dokumentiert werden. Dazu gehören:

■ die ursprüngliche Meldung (sie muss unverfälscht in der Akte sein),

■ Umfang der Untersuchung,

- Auflistung der einzelnen Untersuchungsschritte,

- Festhalten der Zwischenergebnisse,

- Begründungen für getroffene Entscheidungen (wie Weiterverfolgung oder Schließen des Falles),

- Umsetzung der getroffenen Entscheidungen bzw. beschlossenen Maßnahmen.

Weiterhin ist es hilfreich, ein Formblatt zu entwerfen, welches als Deckblatt in jede Fallakte gehört. Folgende Angaben sollten auf dem Formblatt vorhanden sein, natürlich immer auf Ihr Unternehmen abgestimmt, wobei ein wesentlicher Aspekt auch ist, wie groß das Unternehmen ist, in dem Sie arbeiten. Agiert Ihr Unternehmen global, so gehören natürlich auch immer der Name des Compliance Officers des Landes und das im Land verwendete Aktenzeichen dazu.

- Ihr Aktenzeichen (am besten fortlaufend nach dem Jahr nummeriert: 01/2011),

- Name des Compliance Officers,

- Eingangsdatum der Meldung,

- Wie ist die Meldung eingegangen (anonym per Post, Mail oder Telefon, Hotline, mit Namen),

- betroffenes Land,

- Aktenzeichen des Compliance-Falles aus dem Land oder Aktenzeichen der Hotline,

- zuständiger Compliance Officer und/oder zuständiger Jurist aus dem betroffenen Land,

- Art des Compliance-Vorwurfs,

- weitere Abteilungen/Mitarbeiter, die in die Bearbeitung mit hineingezogen werden (am besten direkt mit entsprechenden Kontaktdaten),

- je nach Schwere des Falles erforderliche personelle Maßnahmen, wenn ja in welchem Bereich, muss der Betriebsrat eingeschaltet werden etc.,

- Ermittlungsschritte,

- Status des Falles (hier wird fortlaufende der neue Status des Falles eingetragen),

- Datum, wann der Fall geschlossen wird,

- abschließende Maßnahmen inklusive Begründung der Maßnahme.

Fälle, die über die Hotline hereinkommen (meistens eine externe Anwaltskanzlei) haben ihre eigenen Aktenzeichen. Die Fälle in den Ländern haben wiederum auch ein eigenes Aktenzeichen. Alle Fälle, die der Compliance Officer bekommt, müssen mit einem Aktenzeichen versehen werden, genau wie die Fälle, die als anonymer Brief oder aber auch Briefe mit Namensnennung.

2.13 Assistenz des Compliance Officers

Egal, ob Sie in einer Position als Assistent des Chief Compliance Officers, des Compliance Managers oder einer anderen Führungskraft sind, in allen Bereichen fallen viele Aufgaben an, die Sie übernehmen können und sollten. Im Folgenden finden Sie eine Reihe von anfallenden Aufgaben wie Anlegen, Verfolgen und Dokumentieren der Compliance-Fälle. Als dies sind Aufgaben, die der Assistent übernehmen kann. Wenn es in Ihrem Unternehmen noch keine Compliance-Organisation gibt und diese gerade aufgebaut wird, bringen Sie Ihr Fachwissen ein. Selbst bei einer bestehenden Organisation erkennen Sie nach dem Durcharbeiten dieses Buches vielleicht Schwachstellen, auf die Sie aufmerksam machen können, oder aber Sie erkennen, wo die Organisation der Fälle und/oder Verfahrensabläufe vereinfacht werden kann.

Die Zahl der Compliance-Fälle in den Unternehmen nimmt immer weiter zu, obwohl die Mitarbeiter immer mehr sensibilisiert werden und wissen, dass ihr Anliegen ernst genommen wird. Zu den Compliance-Fällen gehören nicht nur die spektakulären Fälle, die in der Presse sind, wie Veruntreuung etc. Es gehören auch viele weitere Bereiche dazu. Hier einige Beispiele:

- Mobbing/Bossing,

- sexuelle Belästigung,

- Diebstahl,

- Verleumdung,

- Diskriminierung,

- und vieles mehr.

Beim Assistenten laufen die Fäden zusammen. Dort kommen die Fälle auf den Tisch, er muss die Übersicht behalten, und das ist nicht immer leicht. Jede Meldung einer möglichen Verletzung der Compliance-Regeln, von der ein Compliance Officer Kenntnis erlangt, muss untersucht werden. Ab wann ein Fall als Compliance-Fall und/oder als wesentlicher Compliance-Verstoß gilt, ist von Unternehmen zu Unternehmen unterschiedlich geregelt. Erkundigen Sie sich in Ihrem Unternehmen, welche Kriterien erfüllt sein müssen. Solche Kriterien können z. B. sein:

- Es kann für das Unternehmen ein wirtschaftlicher Schaden entstehen oder ist sogar schon entstanden (die Größenordnung des Schadens ist je nach Unternehmen unterschiedlich definiert und beginnt oft schon bei 10.000,- Euro)

- Ob es sich um einen Compliance-Verstoß handelt, ist auch davon abhängig, gegen wen sich der Vorwurf richtet, z. B. gegen leitende Mitarbeiter oder aber obere Führungskräfte – unabhängig davon, ob hiermit möglicherweise auch ein wirtschaftlicher Schaden für das Unternehmen verbunden ist. Aus solchen Vorwürfen folgt oft nicht zum Schluss ein Schaden für das Image des Unternehmens.

Sobald ein neuer Compliance-Fall aufkommt, sollte zuerst geprüft werden, ob es sich überhaupt um einen Verstoß handelt. Es gilt aber immer: Wenn Sie unsicher sind oder sich gerade in der Phase der Einarbeitung befinden, fragen Sie immer Ihren Vorgesetzten und/oder Ihren Compliance Officer um Rat, den er Ihnen auf jeden Fall auch gerne geben wird, denn er ist froh über jede Unterstützung und Entlastung.

Als „Compliance-Fall" gilt eine Meldung über eine mutmaßlich erfolgte Verletzung

■ des Compliance Programms,

■ sonstiger gesetzlicher oder unternehmensinterner Regelungen oder

■ anderer für das Unternehmen verbindlicher Regularien wie z. B. Verstöße gegen die Selbstverpflichtung im Bereich Code Compliance.

Anfragen, die darauf abzielen, allgemeine Informationen zu bestimmten Compliance-Themen oder eine Auskunft bzw. Handlungsempfehlung zum regelkonformen Verhalten für die Zukunft zu erhalten, ohne dass die Anfrage Hinweise auf eine bereits begangene Compliance-Verletzung enthält, sind nicht als Compliance-Fälle einzustufen. Hierzu zählen z. B. Anfragen, ob jemand ein erhaltenes Geschenk behalten kann, ob es sich im zulässigen Rahmen bewegt. Auch Anfragen zu Ausrichtungen von Bewirtungen zu Geschäftsfreunden gehören dazu. Hier wird oft nachgefragt, ob ein bestimmtes Restaurant gewählt werden darf oder ob die Ehefrau des Geschäftspartners mitgenommen werden darf. Das muss natürlich ganz klar verneint werden. Bei der Auswahl eines Restaurants muss darauf geachtet werden, dass die Preise sich „im Rahmen" bewegen. Schauen Sie einmal nach, wie so etwas bei Ihnen im Unternehmen gehandhabt wird. Französische Luxusrestaurants beispielsweise sind tabu.

2.14   Organisation einer Compliance-Hotline

Die Frage, wie eine Hotline organisiert ist und wo sie organisatorisch angesiedelt ist, ist abhängig von der Unternehmensgröße. Mittelständische Unternehmen richten intern eine solche Hotline ein. Dort kann sich der Betroffene telefonisch oder schriftlich melden, auch anonym. Es gibt aber auch immer mehr Mitarbeiter, die ihren Namen nennen. Die anonymen Hinweise kommen meist über eine nicht aussagekräftige E-Mail-Adresse.

Die großen Unternehmen sind dazu übergegangen, diese Aufgabe an eine externe Kanzlei (meist sind es Großkanzleien, die diesen Service anbieten) auszulagern. Auch hier werden die Aktenzeichen vergeben und dem Compliance Officer mitgeteilt. Nach einer angemessenen Zeit fragen die Kanzleien auch nach, ob und mit welchen Maßnahmen der Compliance-Fall abgeschlossen wurde, um dies in ihren Unterlagen ebenfalls zu dokumentieren. Die Hotline-Einrichtungen in den Kanzleien nehmen die Fälle nur auf und leiten sie weiter, sie werden selbst niemals aktiv tätig.

Sobald ein Fall bei der Hotline eingeht, wird dieser an den zuständigen Compliance Officer weitergeleitet. Wird der Vorwurf telefonisch erhoben, verfasst der entsprechende Mitarbeiter eine Notiz über das Telefonat z. B.:

„Anruf 27.12.2010, 14:30 Uhr, anonym.

Aktenzeichen der Hotline: 345 / 74 / SR

Tatbestand:

Der Anrufer beschuldigt Mitarbeiter XYZ aus der Abteilung ABC des Reise-kostenbetrugs. Er behauptet, dass Geschäftsreisen um Privataufenthalte auf Firmenkosten verlängert werden, teure Luxussuiten angemietet werden und die Ehefrau mitgenommen wird.

Musterstadt, 27.12.2010, Rechtsanwalt Dr. Max Mustermann."

Oftmals rufen die Mitarbeiter auch direkt beim Compliance Officer an, um ihm einen Fall zu schildern. Sollten Sie als Assistent/Assistentin des Compliance Officers arbeiten und dieser ist gerade nicht im Büro, sind Sie der erste Ansprechpartner.

So können Sie vorgehen: Schreiben Sie über solche Telefonate eine kurze Notiz und geben Sie diese nach Rückkehr des Compliance Officers weiter. Diese Notiz sollte auf jeden Fall die Angaben enthalten, die z. B. auch von der Hotline eingereicht werden.

- ◼ Datum und Uhrzeit des Anrufs,

- ◼ Name des Anrufenden (wenn es kein anonymer Anruf ist, sonst bitte ein Hinweis auf die Anonymität),

- ◼ um was für einen Fall könnte es sich handeln (z. B. Betrug, Mobbing etc.),

- ◼ was haben Sie dem Anrufer gesagt, z. B. „Wir rufen Sie umgehenden an, sobald YXZ wieder im Büro ist",

- ◼ Kontaktadressen des Anrufers, sofern er nicht anonym bleiben möchte,

- ◼ soll die Anonymität gewahrt werden, bieten Sie dem Anrufer an, sich nach einer ge-wissen Zeit noch einmal zu melden, um entweder mit dem Compliance Officer zu sprechen oder sich nach dem Stand der Ermittlungen zu erkundigen.

2.15 Bearbeitung eines Compliance-Falls

Folgende Punkte sind bei der Bearbeitung eines Compliance-Falls zu beachten. Das ist jedoch in den Unternehmen unterschiedlich geregelt und kann deshalb von dieser Auflis-tung abweichen.

- ◼ Die einschlägigen lokalen gesetzlichen (z. B. datenschutzrechtliche, arbeitsrechtliche/ mitbestimmungsrechtliche Vorschriften) und unternehmensinternen Regelungen sind zu beachten.

- ◼ Die Ermittlung soll grundsätzlich nicht an Dritte, also nicht Unternehmensangehörige, delegiert werden.

■ Alle zugänglichen Informationsquellen, die zur Aufklärung des gemeldeten Verstoßes beitragen können, sind auszuschöpfen.

■ Be- und entlastende Informationen/Tatsachen sind gleichermaßen zu ermitteln und sachgerecht zu würdigen.

■ Bei den Ermittlungen ist in besonderem Maße auf Sachlichkeit und Neutralität zu achten.

■ Während der gesamten Untersuchung ist sicherzustellen, dass die Angelegenheit vertraulich behandelt wird. Informationen aus der Untersuchung dürfen nur an die Mitarbeiter weitergegeben werden, die in die Ermittlungen/Untersuchungen involviert werden müssen.

■ Es ist stets darauf zu achten, dass weder gegen interne noch externe Personen (z. B. Kunden oder Geschäftspartner), die eventuell von dem Vorwurf betroffen sind, unangemessene Maßnahmen ergriffen werden. Hier könnte z. B. erst einmal an eine Freistellung von der Arbeit statt an eine Kündigung gedacht werden, bis die Untersuchungen abgeschlossen sind. Bei externen Dritten könnte man ein Werksbetretungsverbot aussprechen.

■ Dem Betroffenen ist die Möglichkeit zur Stellungnahme zu gewähren.

■ Die Personalabteilung sowie der Betriebsrat müssen bei entsprechenden arbeitsrechtlichen Maßnahmen eingeschaltet werden.

Allein der zuständige Compliance Officer, je nach Schwere des Falles gemeinsam mit einem Compliance-Committee, entscheidet zum Schluss, ob ein Compliance-Fall abgeschlossen ist oder nicht und mit welchen Maßnahmen darauf reagiert wird (wie bereits erwähnt müssen je nach Schwere des Falles die Personalabteilung, der Betriebsrat etc. informiert werden und teilweise auch der Vorstand).

Wenn die Ermittlungen ergeben, dass keine Verletzung der Compliance-Regeln vorliegt, sind keine weiteren Maßnahmen erforderlich.

Ergeben die Ermittlungen, dass ein Verstoß gegen die Compliance-Regeln vorliegt, muss unter sorgfältiger Abwägung der im Einzelfall maßgeblichen Umstände eine Empfehlung der zu ergreifenden Maßnahmen ausgesprochen werden. Dabei ist natürlich auch die Schwere des Verstoßes zu beachten oder ob es sich beispielsweise um eine Wiederholungstat handelt.

Mögliche Ergebnisse und/oder Konsequenzen eines Compliance-Verstoßes können sein:

■ Abmahnung,

■ Versetzung,

■ Aussetzen einer eventuell anstehenden Beförderung,

■ Beendigung des Anstellungsverhältnisses,

■ Geltendmachung von Schadenersatzansprüchen,

■ Erstattung einer Strafanzeige.

Aus eigener Erfahrung kann ich sagen, dass die Arbeit im Bereich Compliance sehr interessant ist und Ihr Aufgabengebiet nur bereichern kann. Aber es kann auch passieren, dass auf einmal ein Mitarbeiter betroffen ist, den Sie sehr gut kennen, vielleicht sogar privat. Es ist besonders wichtig, dass Sie in der Lage sind, trotzdem die Geheimhaltung zu wahren, dass Sie ihre eigenen Emotionen nicht zulassen und vor allem nicht zeigen. Sie müssen „wertfrei" an jeden Compliance-Fall herangehen. Ich weiß, dass es manchmal schwer sein kann, aber im Laufe der Zeit wird sich eine gewisse Routine einstellen, egal wie emotionsgeladen der Fall auch ist und egal wie hoch die Emotionswellen schlagen, wenn Sie z. B. den betroffenen Mitarbeiter am Telefon haben, gegen den gerade personelle Maßnahmen ergriffen wurden.

Wenn Sie wirklich einmal privat involviert sind, weil Sie den Betroffenen gut kennen, dann bitten Sie den Compliance Officer, dass er diesen Fall alleine bearbeitet. Sagen Sie ihm auch warum, damit er versteht, weshalb es Ihnen nicht möglich ist, ihn in diesem Fall weiter zu unterstützen.

Wenn es auf das Jahresende zugeht, muss ein Compliance-Bericht über die Fälle erstellt werden. Dieser Bericht wird meistens direkt dem Vorstandsvorsitzenden bzw. der Geschäftsführung vorgelegt. In ihm sind natürlich nicht alle kleinen Fälle im Detail aufgeführt, aber eine grobe Übersicht gehört dazu. Die „großen" Fälle, soweit sie vorgekommen sind, werden detaillierter dargestellt.

Die Liste der Compliance-Fälle ist dabei eine große Hilfe. Oft genügen einzelne Stichworte, und der Compliance Officer weiß wieder genau, worum es in dem Fall ging. Auch ein Feld „Status" sollte in dieser Übersicht enthalten sein. So kann man auf einen Blick sehen, wie der Stand der Dinge ist und was noch unternommen werden muss. Sollten eingeschaltete Mitarbeiter nicht reagieren oder die Sache hinauszögern, da gerade andere wichtige Projekte anstehen, muss nachgefragt werden, wie der Status quo ist.

2.16   Compliance-Risiken

Wo die Risiken von Compliance liegen, können Sie in folgendem Ausschnitt aus dem Bericht der Firma KPMG aus Zürich lesen (Quelle: Internet-Seite KPMG Zürich, Juli 2008, „Kosten und Nutzen von Compliance").

> „Compliance soll in einer Unternehmung aufgrund bestehender Compliance-Risiken eingeführt oder überprüft werden. Die Identifikation von Compliance-Risiken und deren Behandlung soll die Frage beantworten, wie eine Unternehmung ihre Strategie unter bewusster Inkaufnahme von Risiken im gesetzlichen oder regulatorischen Umfeld in ethisch angemessener Weise durch die Mitarbeiter eigenverantwortlich umsetzen kann. Nicht identifi-

zierte bzw. missachtete Compliance-Risiken führen zu Fehlverhalten der Mitarbeiter, was wiederum die Nichteinhaltung von gesetzlichen, regulatorischen und unternehmensinternen Vorschriften sowie Standards zur Folge hat. Compliance-Risiken und deren Auswirkungen auf das Verhalten der Mitarbeiter können u. a. sein:

Compliance knüpft an menschliches Fehlverhalten an.

Compliance Risiko	Auswirkungen
Falsche Anreizsysteme	Mitarbeiter missachten Gesetze bzw. interne Vorschriften zur Zielerreichung
Schlechte Vorbild-funktion VS[1] und GL[2] in Bezug auf Normen-einhaltung	Mitarbeiter erkennen, dass Compliance einen tiefen Stellenwert hat bzw. in den Hintergrund tritt und verlieren Vertrauen in ‚Compliance'
Mangelhafte Prozesse und Informations- bzw. IT-Systeme	Mitarbeiter begehen Fehler in Arbeitsabläufen und Ineffizienz steigt. Gefahr steigt, dass Mitarbeiter Informationen oder Systeme missbrauchen
Mangelhafte Kontrollen	Systeme erkennen Fehler, es sind jedoch ungenügende oder fehlende Kontroll- bzw. ‚remediation' Mechanismen installiert bzw. diese werden ungenügend wahrgenommen
Mangelhafte Kommunikation	Mangelhafte oder nicht gezielte Kommunikation kann zu Verunsicherung der Mitarbeiter und Gerüchten und somit zu erhöhter Fehlerquote oder Verlust wichtiger Mitarbeiter führen
Dilemma-Situationen von Mitarbeitern	Unlösbarkeit der Situation führt bei Mitarbeitern zu erhöhtem Fehlverhalten, Mitarbeiter fühlen sich allein gelassen

[1] VS = Vorstand

[2] GL = Geschäftsleitung

Compliance Risiko	Auswirkungen
Unübersichtliche bzw. unklare Weisungssysteme	Unklare Verhaltensregeln führen zu Fehlern in Arbeitsabläufen
Uneinheitliche betriebsinterne Standards	Gleiche Probleme werden durch Mitarbeiter unterschiedlich oder fehlerhaft umgesetzt
Unklare Kompetenzen und Verantwortungsbereiche	Positive wie negative Kompetenzkonflikte können zu Fehlern bzw. Aushebelung von Kontrollmechanismen führen
‚Belastete' Verhältnisse mit Aufsichtsbehörden	Unternehmung ist auf ‚watch list* der Behörden: sie wird ‚härter' angefasst als die Konkurrenz, muss teilweise ‚overcompliant' sein, was zu einem Wettbewerbsnachteil führt
Ethisch/moralisch fragwürdige Geschäftspartner oder Kunden	Negative Presse über Geschäftsgebaren der Unternehmung beeinträchtigt Reputation. Mitarbeiter können sich schlecht mit dem Unternehmen identifizieren, was zu mangelhafter Motivation führt. Folgen sind weniger Aufmerksamkeit, erhöhte Fehlerquoten, Anreiz Unternehmensvorgaben in Frage zu stellen oder gar zu umgehen, Veruntreuungsgefahr.

Die Folge des menschlichen Fehlverhaltens (Non-Compliance) konkretisiert sich jeweils in Form von:

→ finanziellen Verlusten,

→ Reputationsschäden (Vertrauensverlust am Markt),

→ rechtlichen und regulatorischen Sanktionen und Maßnahmen der Aufsichtsbehörden,

→ Destabilisierung bzw. Gefährdung einer Branche.

Unternehmungen sind bei der organisatorischen und inhaltlichen Ausgestaltung von Compliance grundsätzlich frei.

Compliance-Risiken sind daher eigenständige Risiken. Diese knüpfen an menschliches Fehlverhalten der Mitarbeiter an, welches präventiv durch eine funktionierende Compliance-Organisation gesteuert bzw. möglichst verhindert werden kann. Die oben angeführten materiellen und immateriellen Schadensformen und deren Auswirkungen können durch die bestehenden Haftungsnormen des Zivil- und Strafrechts (z. B. Haftung des Verwaltungsrates, strafrechtliche Haftung der Unternehmung) nur beschränkt aufgefangen werden. Der Kreis der Geschädigten in ‚Non-Compliance-Fällen‘ kann neben Aktionären und Dritten, den Mitarbeitern der Unternehmung und der Unternehmung selbst sowie im Weiteren auch die Branche erfassen, in welcher die Unternehmung tätig ist. Die derzeitige Nervosität an den Finanzmärkten verdeutlicht, dass ‚Non-Compliance‘ im Extremfall gar zur Gefährdung oder Destabilisierung eines Systems führen kann. Der Staat verlangt daher von den Unternehmungen – vorgelagert zu den Haftungsnormen – präventive Maßnahmen in Form von Compliance-Organisationen. Was bisher für die Finanzbranche gilt, gilt mutatis mutandis auch für andere Branchen.

Sind einmal die Compliance-Risiken und somit die möglichen Ursachen eines Fehlverhaltens der Mitarbeiter bekannt, stellt sich die Frage nach der betriebsinternen Organisation und den konkreten Tätigkeiten von Compliance. In der Regel wird Compliance durch die sog. Compliance-Funktion bzw. Compliance-Mitarbeiter, welche dieser Funktion zugerechnet werden, wahrgenommen. Die Compliance-Funktion ist idealerweise ‚unabhängig‘ vom operativen Geschäft und hat Zugang zu allen wesentlichen Informationen sowie Zugang zu den wichtigen Entscheidungsträgern in der Unternehmung. Compliance sollte zudem über die entsprechenden personellen Ressourcen und Systemunterstützung verfügen, unabhängig davon, ob Compliance in der Unternehmung zentral, dezentral oder in Form einer Matrix-Organisation geführt wird.

Compliance funktioniert und bringt dann den erhofften Mehrwert, wenn diese ‚top down‘ sowohl von den Verwaltungsratsmitgliedern als auch von der Geschäftsleitung vorgelebt und von allen Mitarbeitern getragen wird. Eine Compliance-Funktion ist lediglich das Instrument des Verwaltungsrates bzw. der Geschäftsleitung, die Einhaltung von Normen (Compliance) in der Unternehmung permanent sicherzustellen. Eine gut funktionierende Compliance schafft in jeder Hinsicht Mehrwert in einem Unternehmen.

Aus der Erfahrung von verschiedenen Compliance-Projekten lässt sich festhalten, dass die Ausgestaltung der Compliance-Tätigkeiten bzw. der Compliance-Funktion im Wesentlichen durch folgende Faktoren bestimmt wird:

– Existierende Compliance-Kultur,

– Compliance-Risiken,

– Geschäftskomplexität,

– Organisationskomplexität.

Es gilt der Grundsatz: je größer das Unternehmen, je komplexer seine Geschäftstätigkeit bzw. seine Organisationsstruktur und je regulierter seine Geschäfte, desto höher sind die Anforderungen an die organisatorische und inhaltliche Ausgestaltung der Compliance-Funktion."

Dieser Ausschnitt des Artikels von KPMG zeigt, wie weitreichend Compliance ist und welche Risiken sich im täglichen Geschäftsleben ergeben.

2.17 Compliance in den verschiedenen Bereichen

In diesem Buch kann nicht auf alle Branchen eingegangen werden. Daher folgt hier eine Zusammenfassung der am meisten betroffenen Branchen mit den wichtigsten Kriterien.

2.17.1 Compliance im Produkthaftungsbereich

Falsches oder hektisches „Tätigwerden" im Falle einer Produktkrise kann für das betroffene Unternehmen teuer werden. Im schlimmsten Fall endet es mit einer strafrechtlichen Verantwortung der handelnden Personen. Doch was versteht man eigentlich unter einer sogenannten Produktkrise. Nehmen wir einmal an, Ihr Unternehmen stellt ein Produkt im Bereich Kinderspielzeug her und auf einmal zeigen neueste Erkenntnisse, dass ein Bestandteil des Spielzeugs aus Ihrem Produktionsprozess krebserregend ist. Schon haben wir einen Fall einer Produktkrise. Das Produkt wird ‚zurückgerufen‘, Schadenersatzansprüche können entstehen und im schlimmsten Fall werden Sie noch verklagt. Das ist nicht nur kostspielig, sondern schadet auch extrem dem Image des Unternehmens. Von der Gesundheit des Menschen mal ganz abgesehen. Das ist immer der schlimmste Fall, der eintreten kann.

Eine gut aufgestellte Compliance sorgt vor. Durch ein vorausschauendes Compliance- und Kommunikationskonzept können bereits im Vorfeld viele Probleme beseitigt werden bzw. treten gar nicht erst auf. Dabei darf nicht nur auf die Produkthaftung im engeren Sinne geachtet werden. Sämtliche Gefahren und Schäden aufgrund von schadhaften oder riskanten Produkten oder nicht regelkonformer Umgang mit Produkten werden umfasst. Grundsätzlich kann gegen das Unternehmen aus schadhaften Produkten ein Haftungsanspruch entstehen.

Die erste Anspruchsgrundlage ist die vertragliche Gewährleistung (der Kaufvertragsgegenstand, also Ihr Produkt, muss in dem zugesicherten Zustand sein. Dabei kann es sich auch um eine Dienstleistung handeln).

Als zweite Anspruchsgrundlage steht der Schutz bestimmter Rechtsgüter gegenüber jedermann (gemeint ist hiermit das Leben, die Gesundheit, das Eigentum etc. Dritter).

Die dritte Anspruchsgrundlage folgt aus dem Produkthaftungsgesetz. Auch hier ist der Schutz des Lebens, die Gesundheit und das Eigentum von Dritten (auch oft Verbraucher genannt) gemeint.

Das hört sich sehr kompliziert an, ist es aber nicht. Einfach ausgedrückt und nicht im Juristendeutsch: Das von Ihrem Unternehmen hergestellte Produkt darf in keiner Weise Schaden anrichten, weder an Personen noch an der Natur bzw. der Umwelt oder der Gesundheit Dritter.

Als Beispiele sind hier zu nennen:

■ Proaktive Vermeidung von Risiken und Schäden aus der Produkthaftung. Der Hersteller eines Produktes muss von Vornherein darauf achten, dass schon in der Forschungs- und Entwicklungsphase eines neuen Produktes Qualität und Sicherheit stets beachtet werden. Auch in der Produktionsphase muss eine lückenlose Qualitätssicherung gewährleistet sein.

■ Absolute Rechtsgüter müssen gegenüber jedermann geschützt werden (Eigentum, Gesundheit, Leben etc.), sowohl im Produkthaftungs- als auch Deliktsrecht (wie schon erwähnt).

■ Risiken aus dem Produkt müssen vermieden werden.

■ Kosten aus Schäden sind zu vermeiden.

■ Produktspezifische Vorschriften müssen eingehalten werden.

Dies ist nur ein kleiner Ausschnitt aus dem Bereich der Produkthaftung. Leider gibt es zum Thema Compliance im Zusammenhang mit der Produkthaftung noch keine spezielle Literatur.

2.17.2 Compliance im Bereich Merger & Acquisition

Auch in Bezug auf die Vertraulichkeit von Merger & Acquisitions (M&A, Kauf, Verkauf und Transaktionen) sollte ein Unternehmen über ein entsprechendes Compliance-Management verfügen. Hier sind beispielhaft zu nennen:

■ Due Diligence = Schaffung einer Basis für die Entscheidung über den Kauf (Sorgfaltspflicht, Geheimhaltungspflicht). Die Due Diligence ist dem Bereich der Sorgfaltspflichten der Unternehmensleitung zuzurechnen. In diesem Fall ist gemeint, dass man genaue über die Lage und das Potenzial, welches eine Firma, die man kaufen möchte, hat, informiert sein muss. Aber auch die Risiken, die ein Kauf mit sich bringt, müssen untersucht werden. Nur so kann eine Unternehmensleitung die Entscheidung über einen Kauf oder Verkauf treffen.

■ Es muss sichergestellt werden, dass die sehr hohe Vertraulichkeitsstufe eingehalten wird (denken Sie in diesem Zusammenhang auch an Insiderrecht und Ad-hoc-Publikation).

■ Der informierte Personenkreis sollte so klein wie möglich gehalten werden.

■ Der Compliance Officer muss frühzeitig in die Transaktion eingebunden werden.

Hier wird zum einen geprüft, inwieweit das Unternehmen, das gekauft werden soll, schon eine Compliance-Organisation hat, und wie sie in Ihr Unternehmen integriert werden kann. Besteht dort noch keine Compliance-Organisation, muss untersucht werden, wie hoch der Aufwand wäre, die eigene Compliance-Organisation in das zu kaufende Unternehmen einzuführen und zu etablieren.

Zum anderen wird so sichergestellt, dass die Integration des gekauften Unternehmens auch aus Compliance-Gesichtspunkten reibungslos funktioniert.

2.17.3   Compliance im Bereich IT und Datenschutz

Der Einsatz von Informationstechnologie (IT) im Unternehmen ist heutzutage gar nicht mehr wegzudenken. Deshalb ist es gerade auch in diesem Bereich wichtig, sich an die geltenden Regeln zu halten, und dazu gehört natürlich auch die Compliance. Die Umsetzung einer sogenannten IT-Compliance ist jedoch keine Aufgabe, die nur von dieser Abteilung bewältigt werden kann. Schon seit geraumer Zeit gehört der Umgang mit IT zum Unternehmensalltag und mit ihm der verantwortungsvolle Umgang mit Daten in allen Bereichen.

Ebenso muss in Bezug auf die eventuell auftretenden Risiken im Bereich der IT Vorsorge getroffen werden. Dazu gehört unter anderem zuerst einmal eine Identifikation der Risiken (als Beispiel sei hier der Umgang mit Passwörtern und oder die Mitnahme von Daten auf einem USB-Stick erwähnt). Nach der Identifikation müssen diese Risiken analysiert und bewertet werden. Zum Schluss muss darüber nachgedacht werden, wie dem Missbrauch von Daten begegnet werden kann.

Stellen Sie sich vor, Ihr Konzernchef möchte eine aktuelle Liste der Compliance-Fälle, und sämtliche Daten auf den PCs in Ihrem Bereich sind nicht mehr da und es gibt auch keine Sicherungskopie der Daten. Kaum vorstellbar. Gerade bei der stetig zunehmenden Komplexität von Geschäftsvorgängen in einem Unternehmen kann man sich vorstellen, dass Corporate Compliance daher untrennbar von IT-Compliance sind.

Hier einige Beispiele, auf die im Bereich IT-Compliance geachtet werden muss:

■ effektive Sicherheitsmaßnahmen im IT-Bereich,

■ Schutz der Systeme gegen Angriff von außen, aber auch von innen,

■ Einhaltung und Sicherstellung von Datenschutz und Datensicherheit,

■ Zugangskontrolle der Systeme,

■ Zutrittskontrolle der Serverräume,

■ Datensicherung,

■ und vieles mehr.

Vor einigen Monaten berichtete die Presse von Datenskandalen u. a. bei der Deutschen Telekom oder über die CDs mit Kontodaten aus der Schweiz von Millionen von Bankkunden.

Aber ganz so weit müssen wir gar nicht zurückschauen. Nehmen Sie nur den letzten aktuellen Fall „Wikileaks". Wie kommen diese Daten auf solche Internetseiten? Nicht nur durch Hacker, sondern oftmals kommen diese Daten auch von Mitarbeitern aus den betroffenen Unternehmen. Laut Wikileaks konnten diese Daten durch ein großes Datenleck abgerufen werden. Und damit genau das im Unternehmen nicht passieren kann, muss Datensicherheit großgeschrieben werden.

Hier kommen die Mitarbeiter und damit auch Sie ins Spiel. Seien Sie ein Vorbild.

- Schreiben Sie Ihre Passwörter niemals auf.

- Benutzen Sie niemals ein Passwort, das leicht zu entschlüsseln ist. Verwenden Sie Buchstaben, Ziffern und Sonderzeichen.

- Schützen Sie Ihre Dateien auf dem Rechner und auf dem Server.

- Vertrauliche Dokument sollten nur mit Passwortschutz aufgerufen werden können.

- Diese Dokumente sollten nicht kopiert und nicht auf einem USB-Stick gespeichert werden können. Dies darf nur nach Rücksprache mit Ihnen und nach Ihrer Freigabe geschehen.

- Surfen Sie nicht auf unsicheren Seiten im Internet wie Spieleseiten etc. Es besteht die Gefahr, dass Sie Trojaner und Viren herunterladen.

Sie denken jetzt sicher, dass doch die Unternehmen mit Firewalls geschützt sind. Aber bei einem können Sie sich sicher sein: Die kriminellen Hacker sind den Unternehmen immer einen Schritt voraus. Auch wenn heute ein ganz neuer Schutz auf den Markt kommt, der angeblich jedes Firmennetzwerk sicher macht, sitzen die ersten schon an ihren Rechnern und suchen die Schwachstellen in dem Programm… und finden diese leider auch.

Die Daten auf den Rechnern und Servern der Unternehmen müssen also besonders geschützt werden, und dabei hilft selbstverständlich die IT-Abteilung des Unternehmens.

2.17.4   Compliance im Bereich Kartellrecht

Compliance im Bereich Kartellrecht verringert oder vermeidet u. a. Bußgelder gegen das Unternehmen, Bußgelder gegen die Unternehmensleitung, beugt Schadenersatzansprüchen gegen das Unternehmen vor und vieles mehr.

Kartellrecht ist das Rechtsgebiet, das sich mit der Freiheit des Wettbewerbs befasst. Es verfolgt das Ziel, die Freiheit und Wirksamkeit des freien Marktgeschehens sowie die Funktionsfähigkeit des Wettbewerbs zu sichern. Das Kartellrecht betrifft jedes Unternehmen. Sowohl das inhabergeführte Einzelunternehmen als auch der multinationale, global agierende Konzern sind an die Regelungen des Kartellrechts gebunden. Das Kartellrecht schützt die Funktionsfähigkeit des Wettbewerbs, unabhängig von der Größe und Bedeutung der Unternehmen, von denen Beschränkungen des Wettbewerbs ausgehen.

Das Kartellrecht regelt folgende Bereiche:

- Verbot wettbewerbsbeschränkender Vereinbarungen.

- Verbot von Vereinbarungen zwischen Unternehmen und aufeinander abgestimmte Verhaltensweisen, die eine Verhinderung, Einschränkung oder Verfälschung des Wettbewerbs bezwecken oder bewirken. Diese Regelung erfasst einerseits vereinbarte oder abgestimmte Maßnahmen von Unternehmen, die auf derselben Wirtschaftsstufe tätig sind (horizontale Wettbewerbsbeschränkungen). Beispiel hierfür ist eine Gemeinschaftswerbung mehrerer Händler, in der sie eine Ware zu einem einheitlichen Preis anbieten. Andererseits betrifft das allgemeine Kartellverbot wettbewerbsbeschränkende Verhaltensweisen im Verhältnis zwischen Lieferant und Abnehmer (vertikale Wettbewerbsbeschränkungen). Das trifft beispielsweise auf den Fall zu, dass der Warenhersteller dem Einzelhändler vorschreibt, welche Preise er von den Endverbrauchern zu fordern hat, sogenannte Preisbedingung.

- Ausnutzen einer marktbeherrschenden Stellung: Marktbeherrschende Unternehmen handeln kartellrechtswidrig, wenn sie ihre Marktstellung missbräuchlich ausnutzen. Das kann auf vielfältige Weise geschehen. Besondere Formen des Ausnutzens einer marktbeherrschenden Stellung sind die unbillige Behinderung und die sachlich nicht gerechtfertigte Ungleichbehandlung von Unternehmen (Diskriminierung). Generell unzulässig ist der Boykottaufruf.

- Zusammenschlusskontrolle: Der Zusammenschluss von Unternehmen bedarf, wenn die beteiligten Unternehmen eine bestimmte Größe übersteigen, der Anmeldung beim Bundeskartellamt.

Gerade Compliance im Bereich Kartellrecht ist in vielen Unternehmen ohne immensen organisatorischen Aufwand möglich. Überschaubare Verhaltensregeln, Schulungen und eine gute Organisation tragen dazu bei.

Folgende beispielhaft aufgeführte Ziele werden damit verfolgt:

- Verringern von Nachteilen für Unternehmen und Mitarbeiter,

- Vermeiden von Kartellrechtsverstößen wie z. B. klassische Kartellabsprachen mit Wettbewerbern (z. B. Preisabsprachen),

- Missbrauch der marktbeherrschenden Stellung (der Deutschen Telekom beispielsweise wurde von der Europäischen Kommission im Jahr 2003 wegen unangemessener Preise im Ortsnetz ein Bußgeld auferlegt).

Auf der Internetseite des Bundeskartellamts finden Sie auch, gegen welche Unternehmen gerade oder vor Kurzem ein Bußgeld wegen Verstoßes gegen das Kartellrecht verhängt wurde.

2.17.5 Compliance im Bereich Arbeitsrecht

Am 18. August 2006 ist das Allgemeine Gleichbehandlungsgesetz (AGG) in Kraft getreten. Nach § 12 Abs. 1 AGG ist der Arbeitgeber verpflichtet, die erforderlichen Maßnahmen zum Schutz vor Benachteiligungen im Sinne des Gesetzes zu treffen. Dazu gehören selbstverständlich auch vorbeugende Maßnahmen. In Deutschland hält sich die Zahl der Schadenersatz- und Entschädigungsklagen in Grenzen. Entschädigungssummen wie beispielsweise in den USA wird es in Deutschland in dieser Höhe kaum geben.

Auch hier wirkt ein gut organisiertes und etabliertes Compliance-System vorbildlich. Hier einige Beispiele:

- Einhalten der Arbeitszeitrichtlinien, Verstöße können mit einer Geldbuße bis zu 15.000 Euro belegt werden (für jeden einzelnen Verstoß!),

- Einhalten der Arbeitsschutzvorschriften (z. B. Mutterschutzgesetz, Jugendarbeitsschutzgesetz, vorbeugende Maßnahmen zur Verhütung von Arbeitsunfällen etc.),

- Einführung und Einhaltung von Ethikrichtlinien wie z. B. Regelungen zur Annahme von Geschenken, zum Verhalten in Geschäftsbeziehungen, zum allgemeinen Verhalten der Mitarbeiter untereinander, aber auch zum Verhalten von Vorgesetzten zu Mitarbeitern und vieles mehr.

Auch bei solchen Verstößen oder beim Verdacht eines solchen Verstoßes ist der Compliance Officer/Manager oder aber die Hotline einzuschalten. Im Folgenden beispielhaft einige Verstöße, die vorkommen können:

- Mobbing (Mitarbeiter untereinander),

- Bossing (Vorgesetzter – Mitarbeiter),

- falsche Reisekostenabrechnungen,

- Annahme von zu „großen" Geschenken,

- Diskriminierung von Mitarbeitern wegen Alter, Rasse, Geschlecht, Religion,

- sexuelle Belästigung,

- und vieles mehr.

Es werden immer neue Regelungen in Kraft gesetzt, neue Verstöße gemeldet, auf die die Unternehmen reagieren müssen und auch der Gesetzgeber bleibt nicht untätig. Es kann schon fast als sicher angesehen werden, dass es in Zukunft noch eine Reihe von Gesetzen und Regelungen geben wird, die dieses Thema umfassen.

3   Wirtschaftskriminalität und Korruption

Immer mehr deutsche Unternehmen fühlen sich durch die Wirtschaftskriminalität bedroht. Es vergeht kaum ein Tag, an dem wir nicht in der Presse neue Schlagzeilen zu korruptem Verhalten finden. Diese Artikel handeln von der gezielten Bestechung, der Finanzierung von Luxusreisen, kriminellem Doppelleben, schwarzen Kassen und vielem mehr. Die Beschuldigten finden sich nicht nur im Bereich der Wirtschaftsmanager, auch Mitarbeiter aus den Bereichen IT, Einkauf und Finanzen bis hin in die Ämter von Bauamtsleitern und hohen Amtsträgern.

Die deutschen Gesetze geben keine allgemeingültige Definition des Wortes Korruption. Im Sprachgebrauch der Juristen finden wir zum einen die Unterteilung der Delikte in Vorteilsnahme und Bestechlichkeit und zum anderen die Unterteilung in Vorteilsgewährung und Bestechung.

Aber egal, auf welcher Seite der Korruption man steht, der die Korruption annehmenden oder aber der gebenden Seite, sie ist und bleibt eine kriminelle Handlung. Dabei spielte die Summe, über die wir dabei reden, keine Rolle.

Die Unternehmen unterschätzen noch sehr oft die Bedrohung durch wirtschaftskriminelle Handlungen. Viele dieser Unternehmen wähnen sich als nicht oder nur wenig gefährdet. Dabei spielt die Größe des Unternehmens keine Rolle. Sie vernachlässigen aufgrund des Vertrauensverhältnisses zu ihren Mitarbeitern oft interne Kontrollsysteme. In den letzten Jahren mussten viele Unternehmen verstärkt Maßnahmen zur Verhinderung der Weitergabe von sensiblen Daten und Informationen ergreifen, die eigenen Sicherheitslücken wurden ihnen auf einmal bewusst.

Dieses Buch soll Ihnen helfen zu verstehen, was man unter Wirtschaftskriminalität und Korruption versteht, wie eng dies mit einer guten Compliance-Organisation verknüpft ist und wie Sie als Mitarbeiter eines Unternehmens mit dem Thema umgehen sollten.

Jede kriminelle oder dubiose Handlung hinterlässt Spuren. Anderen Mitarbeitern und natürlich auch Ihnen fallen diese Handlungen auf. Sehr oft wissen Sie nicht, wie Sie mit einer solchen Situation umgehen können und sollen. Viele Mitarbeiter haben auch Angst, dass andere Kollegen sie meiden, wenn bekannt wird, dass sie es waren, die ein Korruptionsdelikt aufgedeckt haben.

Dieses Buch soll Sie für dieses Thema sensibilisieren. Sie werden mit anderen Augen auf viele Angelegenheiten des täglichen Geschäftsleben sehen und können anderen Mitarbeitern die Angst vor Konsequenzen nach der Aufdeckung einer kriminellen Handlung im Unternehmen nehmen. Sie lernen verschiedene Maßnahmen zur Prävention kennen und erkennen, wie weitreichend die Konsequenzen der Wirtschaftskriminalität für das Unternehmen sein können.

3.1   Korruption

Die Geschichte der Korruption reicht weit zurück bis ins Mittelalter und weiter. Alle gesellschaftlichen Organisationsformen kannten neben den legalen Machtstrukturen auch die Bestechung, um Macht zu gewinnen. Es gibt keinen Staat, der frei von Korruption ist, nur die Ausmaße für die Volkswirtschaft und damit auch für die Unternehmen sind unterschiedlich

International tätige deutsche Unternehmen dürfen das sich verschärfende rechtliche Umfeld für Korruptionsdelikte im In- und Ausland nicht ignorieren. Die Rechtslage in Deutschland hat sich in den letzten Jahren fundamental geändert. Die Bestechung ausländischer Amtsträger wie auch die Bestechung von Mitarbeitern in privaten Unternehmen in ausländischen Märkten sind inzwischen in vielen Ländern strafbar. Noch vor einigen Jahren waren Bestechungsgelder in Deutschland steuerlich absetzbar. Auch dies ist nicht mehr der Fall. In Hongkong und Singapur werden Bestechungshandlungen sehr konsequent verfolgt im Gegensatz zu anderen Ländern im asiatischen Raum.

3.1.1   Was ist Korruption?

Korruption ist ein weit reichender Begriff, der von der geringfügigen Einflussnahme bis hin zur institutionalisierten Bestechung reicht, vom Missbrauch der anvertrauten Macht für private Zwecke über Bestechung mit kleinen und großen Geschenken (Urlaubsreisen etc.) bis hin zur Zahlung von Schmiergeldern und sogar Erpressung.

Der Missbrauch einer besonderen Vertrauensstellung in einer Funktion in Wirtschaft, Verwaltung, Politik, Justiz oder auch nichtwirtschaftlichen Organisationen und Vereinigungen wird ebenfalls als Korruption bezeichnet. Sie zielt darauf ab, einen Vorteil, materiell und immateriell, zu erlangen, auf den kein rechtlich oder sachlich-objektiv begründeter Anspruch besteht.

Die Straftatbestände bezeichnet der Gesetzgeber als Bestechung und Bestechlichkeit, Vorteilsnahme und Vorteilsgewährung. Die Mehrbelastung für die Unternehmen durch Korruption und Beseitigung der Schäden, die den Unternehmen durch Korruption entstanden sind, beträgt ca. zehn Prozent des Konzernumsatzes. Die Weltbank schätzt, dass Korruption zu einer Billionen-Dollar-Industrie geworden ist.

Kernelement von korruptem Verhalten ist das Ausnutzen einer Machtposition für den persönlichen Vorteil unter Missachtung von Amtspflichten, Gesetzen, moralischen und ethischen Vorgaben in Unternehmen und vielem mehr.

Korruption wird nach der Art und Weise unterschieden, wie sie entsteht:

■ Situative Korruption:

   Die Korruptionshandlung ergibt sich aus einem spontanen Willensentschluss. Sie ist weder gezielt geplant vorbereitet, sondern in einer konkreten Situation spontan entstanden. Oft ist sie eine direkte Reaktion auf eine unternehmerische Entscheidung oder Handlung.

Stellen Sie sich einmal folgende Situation vor: Sie arbeiten in einem großen Unternehmen, und Ihr Vorgesetzter leitet die Einkaufsabteilung. Sie bekommen Besuch von verschiedenen Lieferanten für Büromaterial jeglicher Art. Mit einem der Vertreter kommen Sie ins Gespräch und verstehen sich gut mit ihm. Er schwärmt von der guten Qualität seiner Produkte, von seiner hervorragend organisierten Firma und von den guten Preisen und schiebt Ihnen einen Umschlag mit einem Geldbetrag zu mit dem Hinweis, dass es nicht Ihr Schaden sein soll, wenn Sie Ihren Vorgesetzten von den tollen Angeboten seiner Firma erzählen und ihn als zukünftigen Büromateriallieferanten wärmstens empfehlen. Sie glauben gar nicht, wie viele in dieser Situation zugreifen würden, der Umschlag verschwindet in der Schublade oder Handtasche ... und schon haben Sie spontan eine kriminelle Handlung begangen. Das wäre ganz klar ein Fall der situativen Korruption.

■ Strukturelle Korruption:

Hierbei geht es um Korruptionsfälle, bei denen die Korruptionshandlung auf der Grundlage längerfristig angelegter korruptiver Beziehungen bereits im Vorfeld bewusst geplant werden. Es liegen also konkrete Vorbereitungshandlungen vor. Meistens liegt ein korruptes Zusammenwirken bestimmter Personen vor, um wiederholt persönliche Vorteile aus Auftrags- und Leistungsvergabe verschiedenster Art zu ziehen.

Stellen Sie sich vor, Sie arbeiten als Sachbearbeiterin bei einer Behörde, die für die Vergabe von Aufträgen der Stadt zuständig ist. Regelmäßig wird die Vergabe diverser Bauaufträge der Stadt ausgeschrieben. Auch hier bekommen Sie Besuch von einem Vertreter eines großen Bauunternehmens. Beim ersten Mal mag es vielleicht noch eine situative, spontane Korruptionshandlung gewesen sein, aber Sie glauben gar nicht, wie viele sich regelmäßig bestechen lassen. Bei jeder neuen Ausschreibung bekommen Sie einen Umschlag mit viel Geld allein dafür, dass Sie dem Bauunternehmer von dem niedrigsten Gebot informieren, damit er mit seinem Angebot den Konkurrenten auf jeden Fall unterbietet.

Korruption bezeichnet die Aktivität des Gebenden wie des Empfängers. In vielen Gesetzesbüchern wird von aktiver und passiver Bestechung (Bestechlichkeit) gesprochen. Mindestens ein Korruptionspartner missbraucht eine Macht- oder Vertrauensposition.

3.1.2 Gesetze und Korruption

Im Folgenden wird kurz auf die Gesetze eingegangen, die zur Bestrafung der Korruption herangezogen werden, und es wird erläutert, wo die entsprechenden Gesetze zu finden sind. Die Verurteilung und Beurteilung dieser Fälle bleibt den Gerichten und den Strafverteidigern vorbehalten, und die Entscheidungsgrundlage ist auch für einen Richter nicht immer einfach. Die aufgeführten Gesetze zeigen Ihnen kurz auf, wie weit und wie hoch die Strafen im Wirtschaftsleben und im Öffentlichen Dienst sein können. Wie jedoch die bekannt werdenden Korruptionsfälle zeigen, ist der Gesetzgeber immer noch aufgefordert, härter gegen Korruption und Wirtschaftskriminalität vorzugehen.

Korruption ist in Deutschland ein Straftatbestand. Sie ist geregelt in den §§ 331 ff. StGB (Strafgesetzbuch), wenn sogenannte Amtsträger betroffen sind. Diese Gesetze werden herangezogen, wenn Korruptionsdelikte im Bereich der Behörden auftreten. Bestechlichkeit und Bestechung im Sinne der §§ 332 und 334 StGB gehen immer mit einer Dienstverpflichtung des Nehmers einher. Die Diensthandlung kann auch in einem Unterlassen bestehen. All diese Paragraphen greifen bei den sogenannten Amtsträgern, also im Öffentlichen Dienst.

Stellen Sie sich vor, Sie arbeiten in einem Amt zur Vergabe von Genehmigungen, z. B. Baugenehmigungen. Das Unterlassen einer Dienstverpflichtung kann sein, dass Sie einem Antrag zur Genehmigung eines Baus, z. B. eines Lagers, Montagehalle o. Ä. nicht genehmigen oder hinauszögern, damit derjenige, der Sie bestochen hat, vorher seine eigene Halle, deren Bau Sie selbstverständlich genehmigt haben, fertigstellen kann und so eher am Markt vertreten ist. Dadurch hat er einen enormen Wettbewerbsvorsprung und der Bestochene einen hohen Betrag in seiner eigenen Tasche.

Kommt es zu Korruptionsdelikten bei Unternehmen, also in der Wirtschaft, werden die §§ 298 ff. StGB herangezogen.

Die §§ 331 ff. StGB umfassen ebenso Vorteile, die Dritten gewährt werden, daher können auch das Sponsoring oder die Spendengewährung ein Fall von Korruption sein.

Am 13. August 1997 ist das Korruptionsbekämpfungsgesetz in Kraft getreten und am 10. September 1998 das Gesetz zur Bekämpfung internationaler Bestechung (IntBestG). Die Vorschriften des IntBestG sollen weitgehend ins Strafgesetzbuch inkorporiert werden.

Und der Gesetzgeber will noch mehr tun. Es sind noch mehrere Übereinkommen und Rahmenbeschlüsse umzusetzen. Dabei wurde von der Bundesregierung in das Gesetzgebungsverfahren ein Entwurf eingebracht, der die materiell-rechtlichen Voraussetzungen grenzübergreifender Korruptions- und Bestechungsdelikte reformieren soll. Außerdem sind noch folgende umzusetzen.

- ■ Übereinkommen der Vereinten Nationen gegen Korruption (Deutschland hat das Übereinkommen 2003 unterzeichnet, aber noch nicht vollständig umgesetzt),

- ■ Strafrechtsübereinkommen des Europarats über Korruption (ETS-Nr. 173 und 191) (Deutschland hat 1999 unterzeichnet, aber noch nicht vollständig umgesetzt),

- ■ EU-Rahmenbeschluss 2003/568/JI zur Bekämpfung der Bestechung im privaten Sektor (dieser Beschluss wurde in Deutschland 1998 umgesetzt mit dem Gesetz zur Bekämpfung internationaler Bestechung).

Sie werden sicherlich festgestellt haben, dass auch in den Gesetzestexten meistens von „Amtsträgern" die Rede ist. Die Gegenpartei, also der, der bestechen möchte, ist meistens jemand aus der Wirtschaftswelt. Die Zusammenhänge zwischen Korruption und Wirtschaftskriminalität sind also sehr eng und greifen ineinander über.

3.1.3 Auswirkungen der Korruption

Im Bereich der öffentlichen Verwaltung und Justiz führt Korruption zu hohen materiellen, aber auch enormen immateriellen Schäden, nämlich zum Vertrauensverlust der Bürgerinnen und Bürger, also auch bei Ihnen. Oftmals werden Aufträge an Unternehmen vergeben, obwohl sie teure oder qualitativ schlechtere Leistungen erbringen als solche Unternehmen, die bei einer objektiven Beurteilung ausgewählt worden wären. Das sind dann die Fälle, bei denen die Schlagzeile heißen könnte „Pfusch am Bau kostet XX Menschenleben". In dem Fall wäre die Bauwirtschaft betroffen.

Die finanziellen Mehrbelastungen hat der Steuerzahler zu tragen, also auch wieder Sie. Im Gesundheitswesen führt Korruption zu überhöhten Preisen, erschwert teilweise auch den Zugang zu medizinischen Leistungen. Es kann sogar so weit gehen, dass sich Medikamente oder Therapieformen etablieren, die objektiv keine optimale medizinische Behandlung darstellen.

Korruption führt dazu, dass die Leistungen von Organisationen in ihrem Umfang abnehmen oder qualitativ schlechter werden, die dafür zu entrichtenden Geldbeträge aber steigen. Nach Schätzungen der Weltbank muss durchschnittlich jeder Mensch rund sieben Prozent seiner Arbeitsleistung für Korruptionsschäden aufbringen.

Eine Korruptions-Compliance, die die geschäftlichen Aktivitäten des Unternehmens an den Verbotsvorschriften des Korruptionsstrafrechts orientiert, benötigt eine dauerhafte klare interne und externe Geschäftspolitik. Diese wird in den Compliance-Regeln, in den Unternehmenszielen, Corporate Identity (Unternehmenspersönlichkeit) etc. festgelegt. Jedes Unternehmen nennt diese Geschäftspolitik anders.

Wenn es dabei um eine Branche geht, die ihren Vertrieb maßgeblich über einen Außendienst organisiert, müssen deutliche Verbote und Gebote ausgesprochen werden. Agiert ein Mitarbeiter dennoch außerhalb der rechtlichen Zulässigkeit, kann zumindest eine Verantwortlichkeit bis hinein in die Führungsspitze vermieden werden.

Folgende Branchen sind am stärksten vom Thema Korruption und Wirtschaftskriminalität betroffen:

■ Bauwirtschaft,

■ Gebäudeverwaltung,

■ Speditionswesen,

■ Pharmaindustrie,

■ medizintechnische Gerätehersteller,

■ Rüstungsindustrie,

■ Druckgewerbe,

■ Abfallwirtschaft,

- ◼ Immobilienwirtschaft,

- ◼ Werbebranche,

- ◼ Reinigungsbranche,

- ◼ Bewachungsunternehmen.

Auf der Internetseite des Bundeskriminalamtes finden Sie die Bundeslageberichte der letzten Jahre. Dort finden Sie die mittlerweile erschreckenden Zahlen über die Wirtschaftskriminalität und die betroffenen Bereiche.

Nach dem Bundeslagebericht wurden allein im Jahr 2009 insgesamt 101.340 Fälle von Wirtschaftskriminalität registriert. Das bedeutet gegenüber dem Vorjahr einen Anstieg von 19,9 Prozent (16.790 Fälle). Der Anteil der Wirtschaftskriminalität an den insgesamt polizeilich bekannt gewordenen Straftaten betrug im Berichtsjahr 2009 1,6 Prozent (2008: 1,4 Prozent).

3.1.4   Auswirkungen der Korruption auf Unternehmen

Der Vorteil des Korrumpierten ist stets der Nachteil der Organisation, die ihn beschäftigt bzw. beauftragt. Gewinnorientierte Unternehmen sind daher darauf bedacht, die Korruption ihrer Mitarbeiter zu verhindern. Das grundsätzliche Problem ist, dass es einerseits im Interesse der Unternehmen liegt, Korruption zu unterbinden, da diese sie ab einem gewissen Punkt in den Ruin treiben würde. Integre Unternehmen sind aber andererseits durch jene Marktakteure ausbeutbar, die durch Bestechungen die lukrativen Aufträge ergattern und damit wirtschaftliche Vorteile genießen.

Immer mehr deutsche Unternehmen sehen sich durch Wirtschaftskriminalität bedroht. In den vergangenen Jahren ist der Anteil der Unternehmen, die wirtschaftskriminelle Handlungen als ernsthaftes Problem betrachten, auf 80 Prozent gestiegen, bei Großunternehmen sogar auf 90 Prozent.

Eine Vielzahl der Unternehmen hat inzwischen ein umfassendes Fachwissen über wirtschaftskriminelle Handlungsmuster aufgebaut. So setzen viele im Rahmen der Aufklärungsarbeit auf interne Kräfte. Eine gut funktionierende Compliance hilft bei der Aufklärung und Verhinderung der Korruptionsfälle. Das Fraud-Management ist in vielen Unternehmen ein Teil der Compliance-Organisation.

Fraud-Management (auch Anti-Fraud-Management genannt) bedeutet Bekämpfung von List, Betrug, Schwindel, Täuschung und Wirtschaftskriminalität, – all das sind Wörter, mit denen man das englische Wort Fraud übersetzten kann. Es ist nicht eindeutig ins Deutsche übertragbar. In der Wirtschaft wird der Begriff in dieser Form benutzt und akzeptiert. Grundsätzlich versteht man darunter eine vorsätzliche rechtswidrige Tat, die dem Unternehmen schadet. Man kann Fraud-Management also als ein System zur Verhinderung der Wirtschaftskriminalität betrachten.

3.1.5   Schwerpunkte der Korruption

Laut einer Statistik des BKA (Quelle: BKA, Bundeslagebericht 2010, http://www.bka.de) liegt der Schwerpunkt der Korruption in der Allgemeinen öffentlichen Verwaltung. Es gab im Bereich der Wirtschaft einen starken Anstieg von 2007 zu 2008. Das BKA schreibt in seinem Bericht:

> „Für das Jahr 2008 lässt sich gegenüber dem Vorjahr eine Zunahme der Korruption im Bereich der Privatwirtschaft konstatieren. Wie in den Jahren zuvor muss an dieser Stelle darauf hingewiesen werden, dass trotz steigender Fallzahlen, insbesondere im Bereich der Privatwirtschaft, von einem beträchtlichen Dunkelfeld ausgegangen werden muss. Die tatsächliche Zahl der Korruptionsfälle dürfte deutlich höher liegen.
>
> Einzelne Korruptionsfälle werden aufgrund des zu erwartenden Imageverlustes für die betroffenen Unternehmen intern behandelt und geahndet. Wird von den Unternehmen Anzeige erstattet, erfolgt dies oftmals direkt bei der Staatsanwaltschaft. Da die Staatsanwaltschaft ihre Ermittlungen häufig ohne Einbindung polizeilicher Stellen führt, bleiben solche Verfahren statistisch unberücksichtigt."

Folgende Vorteile werden am häufigsten als Korruptionsgegenleistung angeboten:

- Bargeld,
- Arbeitsdienstleistungen,
- Reisen/Urlaub,
- Teilnahme an Veranstaltungen,
- Bewirtungen,
- Rabatte,
- Sachzuwendungen,
- Nebentätigkeiten.

3.1.6   Tätergruppen und Schäden für die Unternehmen

Unternehmensberater und die Hochschule Pforzheim haben in einer Studie fünf verschiedene Täterprofile herausgearbeitet:

- **Der egozentrische Visionär** zeichnet sich durch Ehrgeiz, hohes Selbstbewusstsein und Zielstrebigkeit aus. Er setzt sich bewusst über Regeln hinweg, um sich Vorteile zu verschaffen und seine Ziele durchzusetzen. Oftmals sind die Täter schon viele Jahre im Unternehmen und haben teilweise Führungspositionen inne.

■ **Der frustrierte Visionär** scheitert, obwohl intelligent und gebildet, oft an seinen eigenen hohen Ansprüchen und ist eher ideell und sozial motiviert. Er fühlt sich nicht ausreichend gewürdigt und zu wenig unterstützt.

■ **Der narzisstische Visionär** hat ein übersteigertes Selbstbild und sucht Bestätigung. Kritik und Niederlagen verkraftet er nur schlecht.

■ **Der Abhängige** lebt von sozialen Bindungen und lässt sich leicht fremdbestimmen. Dadurch verletzt er auf Veranlassung anderer auch sein eigenes Rechtsbewusstsein.

■ **Der Naive** hat eher einen geringen Bildungsgrad und eine einfache Persönlichkeitsstruktur. Er handelt unüberlegt und leichtgläubig.

Der größte Teil der Wirtschaftsstraftäter gehört zum Topmanagement (knapp 30 Prozent) oder zum mittleren Management (knapp 40 Prozent). Geld ist interessanterweise oft nur ein vordergründiges Motiv. Die wahren Gründe sind oft Enttäuschungen, fehlende Anerkennung, Ablehnung oder Misserfolge. Hier ist wiederum die Unternehmensleitung gefragt. Es kann schon vorbeugend sein, dass Integrität in der Unternehmensphilosophie verankert ist, und sie muss auch von der Unternehmensleitung gelebt werden, genau wie alle anderen Regelungen. Verstöße müssen geahndet werden, und zwar konsequent, egal, auf welcher Ebene des Unternehmens sie vorkommen.

Nur so ist die Unternehmensphilosophie auch glaubhaft und die Mitarbeiter identifizieren sich mit den Zielen und der Philosophie des Unternehmens. Werden Vergehen nicht mit Konsequenzen belegt, leidet die Glaubwürdigkeit der Unternehmensleitung und die Moral der übrigen Mitarbeiter kann sinken. Zusätzlich entstehen Imageschäden, die oft in Zahlen gar nicht zu beziffern sind. Auch das Einbüßen von Marktpositionen kann dazugehören.

Auf der anderen Seite gibt es Handlungen gegen das Unternehmen von außen. Ein Beispiel hierfür sind die Fälle von „Datenklau", die in der letzten Zeit immer wieder durch die Presse geistern, beispielsweise der Datenskandal von AWD. Ein führender Mitarbeiter hatte Tausende von Datensätzen entwendet und versuchte, sie zu verkaufen. So kann ein Unternehmen mithilfe der eigenen Mitarbeiter von außen angegriffen werden.

Auch diese Vorfälle zählen zu denen, bei denen es um Spionage etc. geht. Diese machen mit geschätzten knapp sechs Millionen den Löwenanteil der Delikte im Jahr 2009 aus.

3.1.7   Möglichkeiten der Bekämpfung von Korruption

Zur Bekämpfung und Prävention von Korruption bieten sich verschiedene Möglichkeiten an, die im Folgenden vorgestellt werden.

Fraud-Management

Wenn man die Entwicklung in den letzten Jahren betrachtet, wird deutlich, dass die Unternehmensleitungen, also das oberste Management Ihres Unternehmens, für Handlungen der Mitarbeiter immer mehr zur Verantwortung gezogen werden. Aufgrund der zahlreichen Fälle und der großen Skandale aus dem Bereich der Wirtschaftskriminalität und Korruption in Deutschland versuchen die Unternehmen, sich durch immer mehr interne Regelungen davor zu schützen. Die Zeiten, in denen Deutschland beim Thema Wirtschaftskriminalität und Korruption mit dem Finger auf das Ausland zeigen konnte, sind vorbei. Schon längst ist es auch ein großes Problem für die deutschen Unternehmen.

Mit der Schaffung einer guten Compliance-Organisation, in die das Fraud-Management implementiert ist oder zumindest eng mit dem Compliance Officer und dem Compliance-Committee zusammenarbeitet, ist ein großer Schritt in Richtung Risikomanagementsystem getan. Durch präventive und reaktive Maßnahmen können Schäden aus wirtschaftskriminellen Handlungen gegen das Unternehmen verhindert bzw. minimiert werden.

Es gibt verschiedene Elemente (je nach Unternehmensorganisation), die zum Fraud-Management gezählt werden. Generell baut das Fraud-Management auf drei Prinzipien auf:

- Prävention,

- Aufdeckung und

- Aufarbeitung.

Code of Conduct/Code of Business Conduct

Dies ist ein Element, welches zum Thema Fraud-Management gezählt wird. In ihnen finden Sie die Regeln zur Grundhaltung des Unternehmens, also die Wertevorstellungen, Prinzipien und Ziele Ihres Unternehmens. Sie zeigen die moralische und ethische Grundhaltung des Unternehmens und dienen den Mitarbeitern als generelle Leitlinie für ihr Handeln.

Diese Leitlinie wird durch ein gezieltes Compliance-Programm ergänzt. In vielen Unternehmen finden Sie inzwischen immer mehr Leitlinien und Regeln zu bestimmten Themen und wie Sie als Mitarbeiter damit umgehen sollen. Denken Sie beispielsweise an die Überwachungen von Zahlungsflüssen und den Umgang mit Rechnungen.

Prüfen Sie einmal in Ihrem Unternehmen, ob es eine solche Regelung gibt. Sie werden feststellen, dass es auch bei Ihnen unter Garantie z. B. das Vier-Augen-Prinzip gibt, was bedeutet, dass eingehende Rechnungen nicht nur von einer Person geprüft und freigegeben werden. Es müssen immer zwei Mitarbeiter prüfen. Das Gleiche bei Bestellungen oder bei neuen Verträgen, egal ob es dabei um Zusammenarbeit mit einem anderen Unternehmen oder den Einkauf von Dienstleistungen geht. Auch hier ist die Gefahr groß, dass es zu Fällen von Korruption kommt.

Ein Beispiel: Sie arbeiten mit an einem Projekt, bei dem es darum geht, einen neuen Dienstleister im Bereich des Internet-Monitorings zu finden, der das Deep Web nach Produktfälschungen durchforstet.

Was niemand im Unternehmen weiß: Der Geschäftsführer des Unternehmens, der Ihre erste Wahl unter den Anbietern ist, ist der beste Freund der Projektleitung. Es kann sich dabei um einen Fall von Schmiergeldzahlung handeln, wenn der Projektleiter nach Abschluss des Projektes eine Luxusreise macht, die er sich sonst nicht leisten könnte. Da sollten Sie hellhörig werden. All dies sind Anzeichen, die auf Korruptionsfälle hindeuten können. Aber es ist auch immer Vorsicht geboten. Man kann mit seinem Verdacht auch falsch liegen und der Projektleiter hat schon lange Zeit auf diese Reise gespart und kann sie sich nun endlich leisten.

Sie merken schon jetzt: Hier geht es um einen Bereich, bei dem großes Fingerspitzengefühl gefragt ist. Grundsätzlich sollten Sie oder andere Mitarbeiter in Ihrem Unternehmen, denen solche Unstimmigkeiten auffallen, öffentlich darüber reden. Gehen Sie direkt zu Ihrem Vorgesetzten. Sollte dies nicht möglich sein, egal aus welchem Grund, gehen Sie zum Compliance Officer oder zum Compliance-Committee. Berichten Sie dort von Ihrem Verdacht, zeigen Sie Fakten auf, die Ihnen eventuell schon bekannt sind. Sie können sicher sein: Es wird immer diskret ermittelt werden. Ihr Name wird nicht genannt. Und haben Sie keine Angst vor Schäden, die Ihnen daraus entstehen. Das ist nicht der Fall. Im Gegenteil: Nur wenn Sie mit offenen Augen durch den Berufsalltag gehen, können Sie mithelfen, Ihr Unternehmen vor Korruptionsfällen zu schützen.

Ethic Comittee

Damit ist aber noch nicht das Problem bei den einzelnen Mitarbeitern gelöst. Auch wenn das Unternehmen vorlebt, dass es Korruption in keiner Weise akzeptiert, wird es immer wieder einzelne Mitarbeiter geben, die unter Umständen z. B. durch hohe Bonuszahlungen für die Akquise von Aufträgen etc. korruptive Mittel verwenden.

Laut einem Artikel des Spiegels (Quelle: spiegel online, Artikel vom 12.01.2010, http://www.manager-magazin.de/unternehmen/artikel/0,2828,671521,00.html) hatte die Wirtschaftskriminalität in den Jahren der Wirtschaftskrise Aufwind. Der Druck auf alle Unternehmensbeteiligten ist in dieser Zeit gestiegen. Die Angst um den Job ging um. Der Kampf um das Fortbestehen des Unternehmens wurde auf allen Ebenen gekämpft. Durch einen solchen Druck kann die Hemmschwelle gegenüber kriminellen Handlungen deutlich sinken. Industriespionage und Produktpiraterie stiegen an.

Einer Studie der Unternehmensberatung PricewaterhouseCoopers und der Universität Halle-Wittenberg (Quelle: PricewaterhouseCoopers, Risikomanagement, Studie Wirtschaftskriminalität, http://www.pwc.de) zufolge betrug der Schaden für jedes einzelne Unternehmen allein im Jahr 2009 im Schnitt etwa 5,57 Millionen Euro. 61 Prozent der deutschen Großunternehmen wurden in den vergangenen zwei Jahren Opfer von Wirtschaftskriminalität. Dahinter versteckt sich eine hohe Dunkelziffer, insbesondere im Bereich der unternehmensinternen Kriminalität. Doch der größte Schaden entsteht durch Wettbewerbsdelikte und Geldwäsche. Die Taten erstrecken sich vom Diebstahl von Büromaterial bis hin zum Verkauf von Insiderwissen. Der Schaden ist immens. Es wurde geschätzt, dass 41 Prozent der Verluste von Unternehmen z. B. im Jahr 2009 allein auf solche Delikte zurückzuführen sind. Die Dunkelziffer ist allerdings sehr hoch.

Andere Bekämpfungsmöglichkeiten

Seit 1995 gibt die nichtstaatliche Organisation Transparency International den Internationalen Korruptionsindex (CPI) heraus. Der Korruptionsindex ist ein Verzeichnis, welches das Ausmaß der Wahrnehmung von Korruption in verschiedenen Ländern misst. Der CPI entfaltet mittlerweile eine breite Wirkung in der Öffentlichkeit, sodass die Bevölkerung für das globale System der Korruption sensibilisiert wird.

In Deutschland werden in den Großstädten zunehmend Schwerpunkt-Staatsanwaltschaften gegen Korruption ins Leben gerufen. Vor dem Hintergrund, dass die Korruptionsbekämpfung ein extrem kompliziertes Unterfangen ist, ist hier eine Bündelung von Kompetenzen und Ressourcen gefragt. Zum Beispiel unterhält die Staatsanwaltschaft München I derzeit die größte Antikorruptionsabteilung in Deutschland.

Im Bereich der privaten Unternehmen werden zunehmend wettbewerbsneutrale Selbstverpflichtungen einzelner Branchen (z. B. in der Bauindustrie) initiiert. Kollektives Ziel ist es, der Korruption im Zuge eines umfassenden Ethikmanagements eine Absage zu erteilen. Auch die Unternehmen befassen sich in ihren Compliance-Programmen immer mehr speziell mit Optionen der Korruptionsprävention und Korruptionsbekämpfung.

Auch für die öffentliche Verwaltung existieren Ansätze eines expliziten Antikorruptionsmanagements. In Nordrhein-Westfalen werden entsprechende Aktivitäten durch ein Korruptionsbekämpfungsgesetz gefördert.

Die Internationale Handelskammer hat bereits 1977 als Vertreter der Weltwirtschaft erstmals einen umfassenden Bericht über Korruption im Geschäftsverkehr veröffentlicht. Heute gibt es eine Reihe internationaler Übereinkommen, die gegen Korruption und Bestechung wirken sollen.

3.2 Wirtschaftskriminalität

Wirtschaftskriminalität ist die Bezeichnung für Straftaten, die wirtschaftliche Bezüge aufweisen. Die kriminellen Handlungen können sich dabei gegen Privatpersonen, andere Unternehmen oder den Staat richten. Die Wirtschaftskriminalität ist von der Sozialkriminalität zu unterscheiden. Als Sozialkriminalität bezeichnet man z. B. Schwarzarbeit.

Relevante deutsche Strafvorschriften sind unter anderem das Strafgesetzbuch, das Geldwäschegesetz und das Wertpapierhandelsgesetz.

Die wirtschaftlichen Entwicklungen, insbesondere die verfügbaren Technologien, haben zu einer neuen Dimension von Wirtschaftsdelikten geführt. An den „Tatort Internet" war z. B. vor zehn oder fünfzehn Jahren noch gar nicht zu denken. Heute ist es schon fast an der Tagesordnung.

Folgende Bereiche sind beispielhaft für Delikte der Wirtschaftskriminalität zu nennen:

■ Betrug,

■ Unterschlagung,

■ Falschbilanzierung,

■ Korruption,

■ Geldwäsche,

■ Insiderhandel,

■ Produktpiraterie,

■ Industriespionage,

■ Subventionsbetrug,

■ Steuerstraftaten,

■ Untreue.

Sie sehen, wie breit gefächert der Bereich Wirtschaftskriminalität ist. Er kann also praktisch an jeder Stelle im Unternehmen vorkommen.

3.2.1 Schäden durch Wirtschaftskriminalität

Nach repräsentativen forensischen Erhebungen waren zwischen 2005 und 2007 fast jedes zweite deutsche Unternehmen und 43 Prozent weltweit Opfer eines Wirtschaftsdeliktes (Quelle: BKA, Bundeslagebericht 2010, http://www.bka.de).

Der Gesamtschaden, der deutschen Unternehmen allein durch die aufgedeckten Delikte entstand, beläuft sich nach einer Schätzung auf rund sechs Milliarden Euro pro Jahr. In diese Summe eingerechnet sind geschätzte Managementkosten in Höhe von ca. 1,75 Milliarden Euro zur Bewältigung der Kriminalitätsfolgen.

Auch die jüngsten Studien zum Thema Wirtschaftskriminalität zeigen weiterhin eine andauernde Zunahme der Zahl betroffener Unternehmen. Zwar rechnet weniger als die Hälfte der deutschen Unternehmen damit, in den nächsten fünf Jahren Opfer krimineller Handlungen zu werden, es gilt jedoch als gesichert, dass ca. 80 Prozent der Unternehmen ihre Risikolage nicht korrekt beurteilen. Die bereits dargestellten Zahlen zeigen diese Fehleinschätzung deutlich auf. Gerade die Unternehmen, die das Risiko als gering erachten, verfügen lediglich über schwache einschlägige Kontrollen. Interne Überwachungsträger sind nicht vorhanden oder ineffektiv.

Manchmal sind fehlendes Problembewusstsein, manchmal Naivität und manchmal fehlende Kenntnis die Gründe, warum das eigene Unternehmen durch Wirtschaftskriminalität geschädigt werden kann.

Je weniger ein Unternehmen um seine Risiken weiß, umso einfacher wird es Opfer. Also werden gerade diejenigen Organisationen, die das Risiko verneinen, besonders häufig davon betroffen.

Von den Unternehmen werden folglich weniger Straftaten und nur geringe Schäden entdeckt, die Unternehmen fühlen sich in ihrer falschen Risikoeinschätzung bestätigt. Tatsächlich besteht jedoch ein hohes Dunkelfeld, das aber nicht annähernd exakt einschätzbar ist.

3.2.2   Wirtschaftskriminalität in den USA

Die Verfolgung von Wirtschaftsstraftaten unterliegt in den USA anderen Gesetzmäßigkeiten als in Deutschland. Dies hat verschiedene Gründe. In den USA gibt es ein Unternehmensstrafrecht. Das Unternehmen macht sich demnach selbst strafbar. In Deutschland kann es nur wegen fahrlässiger oder vorsätzlicher Unterlassung der Aufsichtspflicht gegenüber den Mitarbeitern mit einem Bußgeld belegt werden.

Die Ermittlungspraxis in den USA ist eine andere als in Deutschland. Die Richtlinien des Justizministeriums in Washington räumen den Behörden ein Ermessen ein, die Ermittlungen gegen oder sogar ohne Zahlung einer Geldbuße einzustellen oder die Anklagepunkte zu begrenzen.

Ausschlaggebende Faktoren dabei sind die Schwere der Tat, die Verbreitung krimineller Handlungen im Unternehmen und dessen Beteiligung. Außerdem ist ausschlaggebend, ob sich das Unternehmen bisher rechtmäßig verhalten hat und ob es ein Compliance-Programm zur Verhinderung von Straftaten eingerichtet hat. Auch die Lernbereitschaft des Unternehmens im Sinne von Ergreifen von Maßnahmen zur Vermeidung zukünftiger Verstöße oder Verhängung alternativer Sanktionsmöglichkeiten spielt eine große Rolle. Und zu guter Letzt die Bereitschaft des Unternehmens, mit den Behörden zusammenzuarbeiten und sie bei den Ermittlungen zu unterstützen.

Ein Beispiel: Im Rahmen des bisher größten Ermittlungsverfahrens in den USA wurde im Jahr 2008 Bernard L. Madoff vom FBI verhaftet. Es handelte sich dabei um ein über Jahrzehnte durchgeführtes Schneeballsystem, beim dem es um gut 50 Milliarden Dollar ging. Der SEC (Börsenaufsicht) wurde vorgeworfen, Hinweise auf Unregelmäßigkeiten jahrelang ignoriert zu haben. Die SEC räumte in einem offiziellen Statement Versäumnisse ein.

3.2.3   Täterprofile

Für die betroffenen Unternehmen immer wieder erstaunlich, jedoch in Fachkreisen bereits lange bekannt ist die Tatsache, dass ca. 40 bis 50 Prozent der Täter aus dem eigenen Unternehmen stammen und hiervon wiederum mindestens ein Viertel dem Topmanagement zuzurechnen ist. Bei den häufigsten externen Tätern handelt es sich um Kunden und Geschäftspartner des Unternehmens.

Das Täterprofil ist so vielschichtig wie die Möglichkeiten der Begehung wirtschaftskrimineller Handlungen. Bezogen auf die Delikte, die eine bestimmte Vertrauensstellung zur Tatbegehung voraussetzen, ist jedoch festzustellen, dass es sich beim typischen Wirtschaftsstraftäter um eine männliche, sozial unauffällige, bisher nicht vorbestrafte Person mit guter Bildung im Alter zwischen 30 und 50 Jahren handelt. Je höher die Position des Täters im Unternehmen ist, desto höher sind in der Regel auch die materiellen und immateriellen Schäden, die das Unternehmen erleidet. Je mehr Vertrauen einem Täter entgegengebracht wird, umso höher ist das Potenzial.

Einzelne Ursachen für die (zunehmende) Wirtschaftskriminalität sind z. B.:

- ■ nachlässige Überwachungskontrollen und Abbau von Kontrollebenen,

- ■ zu viel Macht,

- ■ Möglichkeiten für Aushebelung von Kontrollmöglichkeiten des Managements,

- ■ gesunkene Loyalität gegenüber dem Unternehmen,

- ■ gestiegene Leistungsvorgaben ,

- ■ Abhängigkeit wesentlicher Vergütungsbestandteile von Unternehmenszahlen,

- ■ stagnierende Einkommen,

- ■ mangelhafte Vorbildfunktion des Managements,

- ■ Mangel an offener und risikoorientierter Unternehmenskommunikation,

- ■ der gesellschaftliche Wertewandel, der sich in fehlendem Unrechtsbewusstsein, leichter Verführbarkeit und überzogenem Konsumverhalten manifestiert.

Verstärkt betroffen sind Unternehmen, die sich in Umstrukturierungs- und Restrukturierungsprozessen bzw. in einer Expansionsphase befinden. Von ganz besonderer Bedeutung für wirksame Vorbeugung ist das Maß der Identifikation des einzelnen Mitarbeiters bzw. Managers mit dem Unternehmen. Das Vermitteln einer Corporate Identity hat folglich erheblichen Einfluss auf die Ursachen für Wirtschaftskriminalität und ist deshalb ein wichtiger Bestandteil eines Präventionskonzepts.

3.2.4   Konsequenzen

Notwendige, aber zum Teil nur selten ergriffene Maßnahmen nach der Aufdeckung von kriminellen Handlungen sind z. B.:

- ■ Untersuchung durch eine interdisziplinäre Arbeitsgruppe, z. B. das Compliance Committee,

- ■ Kündigung des Täters und Strafanzeige,

- ■ Beendigung der Geschäftsbeziehung (bei externem Täter),

■ Versuch der Vermögensrückführung und weitere zivilrechtliche Schritte (z. B. Schadenersatz),

■ Ursachenanalyse,

■ Umsetzung notwendiger korrektiver Folgemaßnahmen.

Immerhin erfolgt inzwischen in ca. 60 Prozent der Fälle tatsächlich eine Strafanzeige. Es ist jedoch festzustellen, dass gegen Täter aus dem Topmanagement seltener Sanktionen ergriffen werden als gegen die sonstigen internen und externen Täter. Aber gerade die unternehmensöffentliche Sanktionierung von im Unternehmen bereits bekannt gewordenen Straftaten ist eine absolute Notwendigkeit, um eine Präventionswirkung zu erzielen. Werden keine Sanktionsmaßnahmen ergriffen, kommt es regelmäßig zu gegenteiligen Effekten, die Hemmschwelle weiterer Mitarbeiter, selbst kriminelle Handlungen zu begehen, sinkt signifikant.

Vorbeugende Maßnahmen in einem Unternehmen können z. B. sein:

■ Sensibilisierungsmaßnahmen,

■ Einführung eines gut organisierten Compliance-Systems,

■ außerplanmäßige Kontrollen,

■ ethische Kodizes sowie

■ branchenspezifische Kodizes.

Ethische Kodizes (Codes of Conduct, Codes of Ethics u. a.) sind schriftliche Verlautbarungen des Managements in Bezug auf die Erwartungshaltung hinsichtlich des Verhaltens von Mitarbeitern, Geschäftspartnern und Kunden. Im Gegensatz zu Kodizes für einzelne Berufsgruppen versucht man in solchen übergreifenden Kodizes, in allgemeiner und möglichst umfassender Form Regelungen zu Abläufen zu definieren. Hierbei werden entweder allgemeine Verhaltensrichtlinien beschrieben oder anhand von praktischen Beispielen kritische Situationen als Beispiel angeführt, wie z. B.:

■ Umgang mit internem Wissen (Insider),

■ Spenden- und Sponsoringaktivitäten,

■ Kunden- und Lieferantengeschenke,

■ Mitnahme der Ehefrau auf Dienstreisen.

Häufig regeln diese Kodizes dann das gewünschte und erwartete Verhalten gegenüber bestimmten Gruppen von Stakeholdern, der Gesellschaft oder auch im Hinblick auf die Umwelt. Die häufigsten Adressaten sind in der Regel Mitarbeiter, Kunden, Gesellschaft und Staat.

3.3   Fachwissen ist gefragt

Sie fragen sich jetzt sicher, wie man als Mitarbeiter dazu beitragen kann, dass im Unternehmen Korruption und Wirtschaftskriminalität eingedämmt werden. Die folgenden Maßnahmen können dazu beitragen:

■ Lieferantenauswahl immer nur nach sachlichen Kriterien,

■ persönliche Beziehungen, auch des Chefs, außer Acht lassen,

■ keine Absprachen bei Ausschreibungen treffen,

■ ist das Unternehmen selbst Ausschreibender: keine Informationen über die Angebote an „gut befreundete Unternehmen",

■ kein Mitarbeiter darf direkt oder indirekt einen persönlichen Vorteil fordern, annehmen, anbieten oder gewähren.

Was können Sie in Ihrem eigenen Arbeitsbereich als Bestechungsversuch im bisher beschriebenen Sinne ansehen?

■ Geldzuwendungen

■ Eintrittskarten für den privaten Gebrauch, z. B. WM-Spiel, EM-Spiel, VIP-Zelt, Oktoberfest, teure Konzerte etc.,

■ Sachgeschenke z. B. Rolex, teurer Schmuck, Autos etc.,

■ Rabatte z. B. bei Einkauf hoher Nachlass,

■ Unverhältnismäßig hohe Vergütung für private Nebentätigkeit, z. B. Vorträge, Gutachten etc.,

■ Flugreisen, Mitnahme auf Reisen (auch der Ehepartner),

■ Bewirtungen (keine Fünf-Sterne-Restaurants),

■ Ferienaufenthalte,

■ Arbeitsangebote für Familienangehörige,

■ usw.

Geringwertige Geschenke können Sie ruhig annehmen. Beachten Sie dabei jedoch Folgendes:

■ Es gibt keine allgemeingültige Wertobergrenze.

■ Die Wertobergrenze ist unternehmens- oder verbandsabhängig.

■ Werbegeschenke mit Firmenlogo oder Namen (Kalender, Schreibblock, Stifte, Mousepad) sind in Ordnung.

■ Der Wert muss üblich und angemessen sein.

■ Transparenz muss gewährleistet sein.

Beachten Sie immer folgende Punkte, um sicherzugehen, dass bei Ihnen keine Fälle aufkommen, die später von der Internen Revision oder dem Compliance Officer untersucht werden müssen:

■ Einbindung des Vorgesetzten,

■ Einbindung des Compliance Officers,

■ Dokumentation des Vorgangs,

■ Spenden schon ab gewissen Summen über Vorstand und Compliance Officer abzeichnen lassen,

■ Bewirtung bei dienstlichen Anlässen im angemessenen Rahmen (kein Fünf-Sterne-Restaurant),

■ Veranstaltungen (dienstlich) z. B. offizielle Empfänge, Einweihungen etc.

■ Erleichterung eines konkreten Dienstgeschäftes, z. B. Abholung vom Flughafen (keine „Stretch-Limo"),

■ Zahlungsvorgänge:
  – Vertragspartner,
  – Firmenkonto (kein Privatkonto),
  – Konto in dem Land des Firmensitzes,
  – Zahlung per Überweisung,
  – kein Bargeld,

■ Abweichungen:
  – Klärung mit dem Vertragspartner,
  – eventuell Einschaltung Vorgesetzter,
  – Information des Compliance Officers,
  – bei vermehrten Wiederholungen: Beenden der Geschäftsbeziehung,

■ Bei Spenden firmenspezifische Richtlinie beachten,

■ Wenn dubiose Angebote an Sie herangetragen werden, Nein sagen,

■ Überwachung von solchen Fällen muss durch Vorgesetzten stattfinden,

■ Compliance vorleben,

■ darüber reden,

■ Mitarbeiter sensibilisieren,

■ Vorbildfunktion beachten.

4 Anti-Counterfeiting

4.1 Begriffsdefinition

Der Begriff Anti-Counterfeiting kommt aus dem Englischen und bedeutet „gegen das Fälschen". Darunter versteht man alle Maßnahmen, Vorsorgeeinrichtungen, Sicherheitstechniken etc., deren Ziel die Bekämpfung von Produktfälschungen ist. Sie können organisatorischer, wirtschaftlicher, technologischer und rechtlicher Art sein.

Dazu gehören unter anderem:

- Internet-Monitoring nach gefälschten Produkten (auch im Deep Web),
- Testkäufe,
- Zusammenarbeit mit den Zollbehörden,
- Zusammenarbeit mit den zuständigen Kriminalämtern (BKA, LKA, ZKA),
- Verfolgung/Beobachtung der Lieferkette zur Erkennung ungewöhnlicher Produktbewegungen („Tracking & Tracing"),
- Online-Überprüfung der Rechtmäßigkeit einer Software-Kopie,
- Abfrage der Authentizität eines Produktes durch telefonische Übermittlung des Produktcodes.

Es gibt außerdem verschiedene Ansätze, ein Produkt so zu gestalten, dass die Analyse des Produktes oder die Produktion der Kopien erschwert wird, mit dem Ziel, das Fälschen von Produkten so teuer wie möglich zu machen und auch zu erschweren. Denn nur wenn für den Fälscher nicht mehr genug „Gewinn" abfällt, wird er das Produkt nicht mehr fälschen. Aber abgesehen von den technischen Mitteln und Maßnahmen verfolgen diese Unternehmen die Fälscher mit allen ihnen zur Verfügung stehenden rechtlichen Mitteln.

In vielen Unternehmen ist der Bereich des Anti-Counterfeiting in der Compliance-Abteilung oder der Rechtsabteilung angesiedelt. Dort sitzen die Fachleute mit dem Rechtswissen, um im Falle des Aufdeckens eines Fälscherrings die entsprechenden Schritte einzuleiten. Sie arbeiten eng zusammen mit den Ermittlern (interne oder externe, je nach Unternehmensgröße), mit der Staatsanwaltschaft, mit den Zollbehörden, dem Bundeskriminalamt, aber auch mit den internationalen Behörden im Kampf gegen die Produktfälscher.

Viele Konzerne aus verschiedenen Branchen oder auch branchengleiche Unternehmen haben sich inzwischen zusammengeschlossen, um gemeinsam gegen das Billionengeschäft der Fälschungen vorzugehen.

Gefälscht wird in nahezu allen Bereichen:

- Uhren,

- Software,

- Computer,

- Bekleidung,

- Autoteile,

- Medikamente,

- Kraftfahrzeuge,

- Ersatzteile für Maschinen, Autos und Flugzeuge.

Fälschungen stellen alle Wirtschaftsunternehmen sowie die gesamte Volkswirtschaft vor große Probleme.

Inzwischen haben Plagiate nach Schätzungen der OECD einen Anteil von fünf bis neun Prozent am Welthandel. Die Bedeutung zeigt sich auch darin, dass sich multinationale Unternehmen zum Schutz vor Produktpiraterie zusammenschließen, aber auch darin, dass der politische Druck westlicher Regierungen auf China zunimmt.

Ein Unternehmen ist immer bestrebt, mit einem neuen oder veränderten Produkt den „Nerv der Zeit" zu treffen. Es möchte zum richtigen Zeitpunkt das richtige Produkt auf dem Markt präsentieren. Das ist für ein Unternehmen von existenzieller Bedeutung. Immer „in" zu sein, die Bedürfnisse des Kunden zu erkennen und ihn zufriedenzustellen, ist in der heutigen Zeit eine der wichtigsten Voraussetzungen, um sich im Markt zu behaupten. Dieser Einsatz, die Forschung und Entwicklung von Produkten, kostet viel Geld und Energie.

Für einen Fälscher scheinen Produktfälschungen kein besonderes Problem zu sein. Er weiß anscheinend immer, was gerade auf dem Markt besonders gut läuft und gefragt ist. Für ihn birgt es keine Risiken bei Forschung und Entwicklung, er hat keine Personalkosten oder Sozialabgaben. Er macht das, was er am besten kann: fälschen.

4.2   Zollbehörden

Das Tätigwerden der Zollbehörden ist unter dem Begriff der Grenzbeschlagnahme bekannt. Es ist eine einfache Umschreibung eines sehr komplexen Verfahrens bei den Zollbehörden. Der Zoll wird sein Verfahren bzw. Vorgehen nicht bekannt machen, um den Fälschern nicht aufzuzeigen, welche Möglichkeiten sie hätten, den Zoll zu umgehen.

Entgegen der verbreiteten Meinung, dass die Zollbehörden nur an der Grenze Maßnahmen ergreifen können, ist dies nicht der Fall. Sie haben ein weitaus größeres Tätigkeitsfeld.

Im Bereich des gewerblichen Rechtschutzes hat die Zollbehörde dort die Möglichkeit des Zugriffs, wo sie ihre amtliche Überwachung und ihre Prüfrechte wahrnimmt. Dazu gehören z. B.

- Grenzzollstellen,

- Freihäfen,

- Binnenzollämter,

- Kontrollen der Verkehrswege.

Wie der Zoll vorgeht, richtet sich nach der anzuwendenden Verfahrensvorschrift. Hier ist zu unterscheiden nach dem gemeinschaftlichen Verfahren (VO EG 1383/2003), das ein Einschreiten der Zollbehörde im Verdachtsfalle vorsieht, und dem nationalen Beschlagnahmeverfahren, welches eine offensichtliche Schutzrechtsverletzung an den Beginn des Handelns stellt.

4.2.1   Grenzbeschlagnahmeantrag

Wenn ein Unternehmen sein geistiges Eigentum durch die Registrierung gewerblicher Schutzrechte geschützt hat, kann ein Antrag auf Grenzbeschlagnahme beim Zoll gestellt werden. Es ist ein wirksames Mittel gegen die Ein-, Aus- und Durchfuhr von Fälschungen innerhalb der Europäischen Union sowie gegen den innergemeinschaftlichen Handel mit Fälschungen, aber leider trotz allem kein Schutz. Die Fälscher lassen sich immer raffiniertere Methoden einfallen, um zu verhindern, dass ihre Fälschung beim Zoll „auffliegt".

Im Rahmen des nationalen Beschlagnahmeverfahrens ist es möglich, dass der Zoll verdächtige Ware zurückhält, die aus Nachbarländern nach Deutschland eingeführt wird. Der Zoll hat dabei lediglich eine Anhaltefunktion. Die Mitarbeiter entscheiden nicht selbst, ob es sich um Originale oder Fälschungen handelt. Diese Aufgabe kommt den Unternehmen zu.

Beschlagnahmt werden kann im Falle von

- Warenverkehr innerhalb der europäischen Gemeinschaft,

- Verletzung nicht registrierter Markenrechte und Gebrauchsmuster- sowie Halbleiterschutzrechte,

- Schutzrechtsverletzungen durch Parallelimporte,

- nachdem der Antrag gestellt wurde, kann der Zoll im Rahmen der Abfertigungskontrolle prüfen, ob durch Waren angemeldete Schutzrechte verletzt werden, verdächtige Produkte werden zurückgehalten.

Die nationale Grenzbeschlagnahme unterscheidet sich von der europäischen Grenzbeschlagnahme in folgenden Punkten:

■ Die Schutzrechtsverletzung muss eindeutig erkennbar sein.

■ Ohne vorherigen Antrag wird der Zoll nicht tätig. Es gibt keine Möglichkeit, diesen nachträglich zu stellen (im Gegensatz zum europäischen Grenzbeschlagnahmeverfahren).

■ Bei Parallelimporten und innergemeinschaftlichem Handel mit Fälschungen hilft nur die nationale Beschlagnahme. Das gemeinschaftliche Verfahren kann hier nicht tätig werden.

Nach Angaben des Markenverbandes werden jährlich über 100 Millionen Artikel beschlagnahmt.

4.2.2   Tipps für die Zusammenarbeit mit dem Zoll

Die Unternehmen, die den Grenzbeschlagnahmeantrag stellen, sollten den Zoll bei den Kontrollen unterstützen, wo sie nur können. Dies kann z. B. durch Listen mit Merkmalen der Originalware und der gefälschten Ware geschehen. Außerdem benötigt der Zoll einen ständigen Ansprechpartner im Unternehmen, um nicht ständig von Abteilung zu Abteilung durchgereicht zu werden.

Viele Unternehmen haben auf ihren Internetseiten Hinweise und Tipps, wie auch Verbraucher und natürlich die Zollbehörden Fälschungen erkennen können. Die Zollkriminalämter bieten regelmäßig Veranstaltungen an, auf denen sich die Teilnehmer aus der Wirtschaft und die Zollämter austauschen können.

Für ein Unternehmen, aber auch für die Zollbehörde ist es hilfreich, wenn eine Datenbank im Unternehmen existiert, in der alle Grenzbeschlagnahmen und auch durch interne oder externe Ermittler aufgedeckten Fälschungsfälle oder Fälschungsverdachtsfälle eingetragen werden.

Das Internetmonitoring hilft Ihnen dabei, die im Internet angebotenen Waren auf Fälschungen zu untersuchen. Denn mit dem Ansteigen der Kaufaktivitäten der Verbraucher steigt auch die Zahl der Fälschungen, die im Internet angeboten werden.

Inzwischen gibt es sogar Smartphones, auf die Sie eine Software zur Erkennung von Fälschungen aufspielen lassen können. Sie machen ein Bild mit dem Smartphone und anhand des Bildes und des Strichcodes, der auf der jeweiligen Packung zu finden ist, prüft das Gerät im Internet, ob es sich um eine Fälschung handelt oder nicht. Die Fälschungen sind inzwischen oftmals so gut, dass selbst Experten sie nicht auf den ersten Blick erkennen.

Es ist leider sehr schwierig, an die Spitzen einer solchen kriminellen Organisation heranzukommen. Meistens werden nur die „kleinen Fische" erwischt. Aber nur wenn ständig und in enger Zusammenarbeit der Unternehmen mit den verschiedenen Behörden die Fälscher und die Fälschungen weiter verfolgt werden, gibt es auch eine Chance, effektiv dagegen vorzugehen.

4.3   Schutzmöglichkeiten vor Fälschungen

Die Unternehmen haben heute zahlreiche Möglichkeiten, Originale durch technische Kennzeichnungsmittel fälschungssicher zu machen. Welche Sicherheitsmerkmale ein Unternehmen für sein Produkt etabliert, ist uns oft beim Kauf der Produkte gar nicht bewusst.

Diese technischen Sicherungsmethoden helfen Kunden, Händlern, den Behörden und den Unternehmen, selbst Originale von Fälschungen zu unterscheiden.

Die Strategie des Unternehmens sollte im Hinblick auf die Bekämpfung der Produkt- und Markenpiraterie klar geregelt sein. Neben dem konsequenten Schutz des geistigen Eigentums und den technischen Sicherungsmitteln sollte eine kontinuierliche und intensive Marktbeobachtung erfolgen. Das besondere Augenmerk sollte auf den Internet-Handel gelegt werden. Es gibt inzwischen viele Dienstleister auf dem Markt, die das sogenannte Internet-Monitoring anbieten und die Unternehmen dabei effektiv unterstützen.

Auch wenn Ihrem Unternehmen bisher nicht bekannt ist, dass es von der Piraterie betroffen ist, können z. B. plötzliche Rückgänge der Absatzzahlen im Im- und Export, Anstieg von Kundenbeschwerden, vermehrter Auftritt von neuen Wettbewerbern besonders aus dem asiatischen Raum auf Messen usw. ein Indiz dafür sein, dass Ihr Unternehmen von Produktpiraterie betroffen ist.

4.4   Auswirkungen der Produktpiraterie auf die Volkswirtschaft

Schätzungen zufolge werden europaweit jährlich ca. 100 Millionen Fälschungen beschlagnahmt. Laut OECD haben gefälschte Produkte inzwischen einen Anteil von fünf bis neun Prozent am Welthandel, was einem Handelsvolumen von ca. 450 Milliarden US-Dollar entspricht. Nach Angaben der Europäischen Union ist davon auszugehen, dass durch Markenpiraterie pro Jahr weltweit rund 2 Millionen Arbeitsplätze und davon ca. 70.000 in Deutschland verloren gehen.

Für den Staat bedeutet der Verlust der Arbeitsplätze, dass die Steuereinnahmen der betroffenen Arbeitnehmer ausfallen. Außerdem zahlen die Unternehmen weniger Steuern, je weniger Arbeitnehmer sie haben. Nach Schätzungen des Deutschen Industrie- und Handelskammertags liegt der durch Fälschungen verursachte Schaden in Deutschland bei ca. 30 Millionen Euro pro Jahr.

In den Medien findet man oft Berichte über ganze Container, die beschlagnahmt werden. Wenn dieser Container z. B. mit Zigaretten gefüllt ist (es passen ca. acht Millionen Zigaretten hinein), geht der Verlust der Steuereinnahmen für den Staat in die Milliarden (ca. 1,3 Milliarden Euro).

4.5   Konsequenzen für die Unternehmen

Der Aktionskreis Deutsche Wirtschaft gegen Produkt- und Markenpiraterie (APM) geht von Umsatzverlusten zwischen 20 und 30 Milliarden Euro pro Jahr für deutsche Unternehmen aus. Ganz zu schweigen von dem Imageverlust und den dadurch entstehenden Schaden. Wenn beispielsweise ein Kunde ein gefälschtes Medikament im Ausland kauft, es einnimmt und körperlichen Schaden nimmt, wird er sich an das Unternehmen wenden und die Presse wird über dieses Unternehmen berichten. Nur selten wird man einen Hinweis darauf finden, dass es sich um gefälschtes Medikament gehandelt hat. Oftmals sind die Inhaltsstoffe viel zu hoch, manchmal ist gar kein Wirkstoff enthalten, die Farbe wird mit Lacken hergestellt, die „Pillen" selbst werden oft in einem einfachen Betonmischer hergestellt.

Den Unternehmen entstehen Kosten für die Bekämpfung der Produktpiraterie, z. B. die Kosten für die technische Kennzeichnung der Originalprodukte, für die Inanspruchnahme von externen Agenturen für das Internet-Monitoring, für das Finden neuer Unternehmensstrategien bzw. den Aufbau einer neuen Abteilung. Zusätzlich dazu entstehen Kosten für die beauftragten Rechtsanwälte, Wirtschaftsdetektive oder die Durchsetzung der gewerblichen Schutzrechte. Diese Kosten werden natürlich auf das Produkt umgelegt und die Folge ist, dass Sie als Verbraucher höhere Preise bezahlen. Das kann wiederum zur Folge haben, dass Sie dort kaufen, wo es günstiger ist, oftmals im Internet. Somit sind den Fälschern wieder Türen und Tore offen, um ihre Fälschungen auf den Markt zu werfen. Sie sehen: Es ist ein endloser Kreislauf und der Kampf gegen Produktpiraterie ist mühsam und zäh.

Die Markenpiraterie wird inzwischen auch als eine Geldquelle für die organisierte Kriminalität angesehen. Die Einnahmen aus dem Verkauf gefälschter Produkte dienen oftmals der organisierten Kriminalität und terroristischen Vereinigungen als Finanzquelle.

Nach Medienberichten sollen die Gewinnspannen durch den Handel mit Fälschungen lukrativer sein als beim Drogenhandel.

4.6   Markenpiraterie in China

Nach Angaben des Wirtschaftsmagazins brand eins beträgt der geschätzte Anteil der Produktpiraterie am Bruttosozialprodukt in China acht Prozent. Der daraus erzielte jährliche Umsatz wird auf 19 bis 24 Milliarden US-Dollar geschätzt. Über ein Drittel der in Deutschland beschlagnahmten Fälschungen stammen aus China.

Produktfälscher in China haben gute Karten. Das chinesische Recht ist nicht so engmaschig wie z. B. das deutsche Recht. Es steht oft einer konsequenten strafrechtlichen Verfolgung von Schutzrechtsverletzungen entgegen. Es ist beispielsweise in China möglich, Marken anzumelden, die mit anderen, bereits eingetragenen Marken kollidieren. Hinzu kommt eine oftmals mangelnde Bereitschaft der lokalen Behörden, gegen diese Straftaten vorzugehen.

Betroffene Unternehmen können nur sehr selten mit der Unterstützung der Behörden beim Sammeln von Beweisen rechnen. Die beschlagnahmten gefälschten Produkte in China werden nicht vernichtet. Die dortige Korruption der Beamten führt sehr oft auch dazu, dass kaum Informationen über die Fälscher herausgegeben werden, was eine strafrechtliche Verfolgung unmöglich macht. Anhand eines Falls, zu finden auf der Internetseite der IHK Pfalz, können Sie sich ein Bild davon machen, was es für ein Unternehmen bedeuten kann, wenn gegen den Markenschutz verstoßen wird (Quelle: IHK Pfalz, Volksrepublik China Wirtschaftsrecht, http://www.pfalz.ihk24.de/).

> „1994 gab es einen Brand in einem Hongkonger Kaufhaus. Zunächst wurde davon ausgegangen, dass eine defekte Elektroklemme der deutschen Firma Adels-Contract aus Bergisch Gladbach die Ursache war. Allerdings stellte sich bei der Untersuchung des schadhaften Teils heraus, dass es sich bei dem Elektroteil um eine Fälschung handelte. Dem Unternehmen war bis zu diesem Zeitpunkt nicht bekannt, dass in China Plagiate ihrer Produkte hergestellt werden.
>
> Da das Unternehmen keine Chance sah, die Fälscher zu verklagen, wurden Nachforschungen angestellt, aus welchem chinesischen Betrieb die Fälschungen stammten. Die Deutschen unterbreiteten den Fälschern schließlich ein Kooperationsangebot: Die Gründung eines Joint Ventures mit dem Standort Hongkong, von wo aus der asiatische Raum beliefert werden sollte. Doch die einjährigen Verhandlungen gestalteten sich wegen Nachbesserungswünschen und immer neuen Vertragsentwürfen schwierig. Am Ende waren alle Mühen umsonst: Kurz vor Vertragsabschluss fand Adels-Contract heraus, dass der zukünftige Partner während der ganzen Zeit die Klemmen weiter kopiert hatte. Der Kooperationsversuch war gescheitert.
>
> Der Fälscher versuchte später sogar auf dem deutschen Markt Fuß zu fassen und präsentierte seine Plagiate auf einer Messe. Doch in Deutschland konnte sich die Firma Adels-Contract durch eine einstweilige Verfügung und eine Eintragung des Fälschers auf den schwarzen Listen der Wirtschaftsverbände gegen den Rechtsverletzer zur Wehr setzen."

Der internationale Druck auf China steigt in den letzten Jahren jedoch an. Aber auch im Land selbst werden immer mehr Produkte produziert, die aus eigener Forschungstätigkeit hervorgehen. Als Folge werden inzwischen auch in China Forderungen nach einem besseren Schutz der Unternehmen und der Marken laut. In China hat sich die Zahl der erteilten Patente vom Jahr 2002 (21.473) bis zum Jahr 2003 (49.360) mehr als verdoppelt. Ebenso sprunghaft stiegen die Anmeldungen von Gebrauchsmustern und Geschmacksmustern. Als Durchbruch wird das im Mai 2006 geschlossene Abkommen gegen Produktpiraterie zwischen dem chinesischen Textilverband und dem deutschen Gesamtverband Textil und Mode gesehen.

5 Insiderrecht

In diesem Kapitel beschäftigen wir uns mit dem Thema Insider. Die Mitarbeiter sitzen an den Positionen im Unternehmen, an denen oftmals die wesentlichen Entscheidungen (von „Eingeweihten", also Insidern) getroffen werden. Sie gehören zu den Ersten, die erfahren, ob Unternehmensteile verkauft oder gekauft werden sollen, wie die Lage des Unternehmens ist, ob große Rechtsstreitigkeiten geführt werden und vieles mehr. All dies sind Informationen, die – wenn sie an die Öffentlichkeit kommen – geeignet sind, den Kurs der Aktie Ihres Unternehmens zu beeinflussen, egal ob nach oben oder nach unten.

Auch bei den sogenannten Projekten, die in einem Unternehmen ins Leben gerufen werden, können Informationen bekannt werden, die ebenfalls dazu geeignet sind, den Kurs zu beeinflussen. Die Mitarbeiter sind in ihrer Position im Unternehmen (Sachbearbeiter, Assistentinnen, Referenten etc.) meistens ein Funktionsinsider, der Vorgesetzte ein Hierarchieinsider. Ich habe schon oft von Kollegen oder deren Vorgesetzten gehört: „Seit meine Mitarbeiter als Insider auf die Liste aufgenommen wurden, sind sie wie gelähmt. Sie trauen sich kaum noch, E-Mails zu verschicken. Das hemmt unsere tägliche Arbeit."

Sie werden bald in der Lage sein einzuschätzen, ob eine Insiderinformation vorliegt oder nicht, welche Konsequenzen der Insiderstatus für Sie hat und wie Sie den Kollegen helfen können, dieses Thema zu verstehen.

5.1 Die Entstehung des Insiderrechts

Ein gesetzliches normiertes Insiderrecht wurde in Deutschland erstmals zum 01. Januar 1995 mit dem Zweiten Finanzmarktförderungsgesetz eingeführt. Die Insiderhandelsüberwachung unterlag bis dahin der Selbstregulierung der Börsen. Mit der Einführung des Zweiten Finanzmarktförderungsgesetzes wurde auch das Bundesaufsichtsamt gegründet, welches mit der Überwachung der Insiderhandelsverbote beauftragt wurde. Heute kennt man das Bundesaufsichtsamt als Bundesanstalt für Finanzdienstleistungsaufsicht (BaFin), und die Überwachung der Insiderhandelsverbote ist nur eine ihrer Aufgaben. Sie unterstützt Unternehmen und Verbraucher. Die BaFin ist im öffentlichen Interesse tätig. Ihr Hauptziel ist es, ein funktionsfähiges, stabiles und integres deutsches Finanzsystem zu gewährleisten. Bankkunden, Versicherte und Anleger sollen dem Finanzsystem vertrauen können.

Im Rahmen ihrer Aufsicht sichert die BaFin die Zahlungsfähigkeit von Banken, Finanzdienstleistungsinstituten und Versicherungsunternehmen. Durch ihre Marktaufsicht setzt sie zudem Verhaltensstandards durch, die das Vertrauen der Anleger in die Finanzmärkte wahren. Zum Anlegerschutz gehört es auch, dass die BaFin unerlaubt betriebene Finanzgeschäfte bekämpft.

Am 30. Oktober 2004 ist das Gesetz zur Verbesserung des Anlegerschutzes in Kraft getreten. Es soll u. a. die Chancengleichheit für Anleger sicherstellen und verhindern, dass Insider aus ihrem Wissensvorsprung Vorteile ziehen.

Mit der Einführung dieses Gesetzes ging eine erhebliche Änderung des Insiderrechts einher. Der Begriff Insidertatsache wurde durch den Begriff Insiderinformation ersetzt, und das Verwenden einer Insiderinformation wurde erstmals strafrechtlich relevant. Das bedeutet, dass Verstöße strafrechtlich geahndet werden – von der Geldbuße bis hin zu einer Freiheitsstrafe von bis zu fünf Jahren.

Ziel des Insidergesetzes ist es, die Integrität der Finanzmärkte ebenso wie das Vertrauen der Anleger in den Finanzmarkt zu stärken. Dazu gehört vor allen Dingen, dass die Anleger sicher sein können, dass Mitarbeiter von börsennotierten Unternehmen ihre Wissensvorsprünge nicht ausnutzen und auch nicht an Dritte weitergeben. Es soll gewährleistet werden, dass die an der Börse gehandelten Aktienpreise den korrekten Wert des jeweiligen Finanzinstruments darstellen.

5.2   Insiderpapier

Bei Insiderpapieren handelt es sich um Wertpapiere, also Aktien, mit denen kein Insiderhandel(-geschäft) betrieben werden darf. Der Begriff ist in § 12 des Wertpapierhandelsgesetzes (WpHG) sowie im Anlegerschutzverbesserungsgesetz (AnSVG) definiert.

Danach sind Insiderpapiere Finanzinstrumente,

- die im Inland an der Börse oder einem organisiertem Markt gehandelt werden,

- die in einem Land der europäischen Union oder im Europäischen Wirtschaftsraum (EWR) zum Handel an einem organisierten Markt zugelassen sind,

- die nicht an der Börse gehandelt werden, deren Preis aber von börsengehandelten Finanzinstrumenten abhängt.

In den Begriff Insiderpapier integriert sind auch Optionsgeschäfte, Differenzgeschäfte und Terminkontrakte bzw. Termingeschäfte.

Das Anlegerverbesserungsschutzgesetz aus dem Jahr 2004 hat den Begriff erweitert: Als Insiderpapiere gelten nunmehr auch solche Finanzinstrumente, deren Preis von börsengehandelten Finanzinstrumenten abhängt. Damit sind auch nicht an einer Börse gehandelte Werte als Insiderpapiere erfasst, wenn deren Preis von börsengehandelten Finanzinstrumenten abhängig.

Bereits mit der Antragstellung auf Zulassung an einer Börse oder auch mit der Ankündigung gelten Werte als Insiderpapier.

5.3 Was ist ein Insider?

Als Insider wird jemand bezeichnet, der Informationen besitzt, über die Außenstehende bzw. die Allgemeinheit keine Kenntnis besitzen. Insider im Sinne des Wertpapierhandelsgesetzes sind also Personen, die

- am Kapital eines Unternehmens oder eines mit ihm verbundenen Unternehmens beteiligt sind,

- aufgrund ihrer Tätigkeit im Unternehmen Kenntnisse erlangen, z. B. Vorstandsmitglieder, Aufsichtsräte etc.,

- wegen ihres Berufs oder ihrer Aufgabe Kenntnisse erlangen, z. B. Rechtsanwälte, Notare, Wirtschaftsprüfer, Notare etc.

Man unterscheidet vier verschiedene Gruppen von Insidern:

1. Hierarchieinsider,

2. Funktionsinsider,

3. Anlassinsider,

4. externe Insider.

Alle diese Insider müssen im Insiderverzeichnis erfasst werden (vgl. dazu Kapitel 5.5).

Ausgenommen von der Pflicht, Insiderverzeichnisse zu führen, sind nach § 15b WpHG grundsätzlich die Wirtschaftsprüfungsgesellschaft selbst bzw. der Wirtschaftsprüfer in seiner Eigenschaft als Abschlussprüfer der Gesellschaft/des Konzerns.

5.3.1 Hierarchieinsider

Hierarchieinsider ist man aufgrund seiner Position in der Unternehmenshierarchie. Hierzu gehört der obere Führungskreis eines Unternehmens wie Vorstand, Aufsichtsrat, Geschäftsführer, leitende Führungskräfte etc.

5.3.2 Funktionsinsider

Funktionsinsider ist man aufgrund seiner Stellung im Unternehmen, also wenn man regelmäßig Zugang zu Insiderinformationen hat. Dazu gehören z. B. die die Führungskräfte und andere Mitarbeiter regelmäßig betreuende IT-Gruppe, die Assistentin, der Sachbearbeiter etc. Der Hierarchieinsider entscheidet, wer aus seiner Gruppe zu den Funktionsinsidern gehört und wer aufgenommen werden muss.

Hierarchie- und Funktionsinsider sind dauerhaft als Insider gelistet/gemeldet, und zwar solange sie nicht die Abteilung wechseln oder das Unternehmen verlassen.

5.3.3   Anlassinsider

Anlassinsider, auch Projektinsider genannt, werden für die Dauer des Projektes, in der sie Zugang zu Insiderinformationen haben, zum Projektinsider. Das können z. B. Mitarbeiter sein, die an einem Verkauf oder Erwerb eines Unternehmensteils im Projektteam beteiligt sind. Diese Personen sind nur für die Dauer des Projekts als Insider gemeldet. Sobald das Projekt geschlossen ist, werden sie wieder von der Liste gestrichen.

5.3.4   Externe Insider

Zu den externen Insidern gehören z. B. beauftragte Rechtsanwälte, externe Berater und Wirtschaftsprüfungsgesellschaften. Sie sind so lange als Insider gemeldet, bis das Unternehmen die Streichung veranlasst, in der Regel mit Abschluss der Auftragsarbeiten.

5.4   Insiderinformation

Die BaFin definiert eine Insiderinformation in ihrem Emittentenleitfaden nach ihrer Eignung zur erheblichen Preisbeeinflussung (Quelle: BaFin, Emittentenleitfaden 2010, www.bafin.de):

> „Eine Insiderinformation liegt nur dann vor, wenn die der Information zugrunde liegenden Umstände geeignet sind, im Falle ihres öffentlichen Bekanntwerdens den Börsen- oder Marktpreis der Insiderpapiere erheblich zu beeinflussen. Das Merkmal der Eignung verlangt eine Einschätzung, inwieweit der Börsen- oder Marktpreis beeinflusst wird, wenn die Umstände bekannt werden. Es kommt daher nicht darauf an, ob sich der Preis eines Insiderpapiers nach Bekanntwerden der Insiderinformation tatsächlich verändert hat. Ausreichend ist, wenn es aus Sicht eines verständigen Anlegers, der zum Zeitpunkt seines Handelns alle verfügbaren Informationen kennt, wahrscheinlich erscheint, dass es zu einer erheblichen Preisbeeinflussung kommen kann. Allerdings können nach Bekanntwerden der Insiderinformation tatsächlich eingetretene erhebliche Veränderungen des Börsen- und Marktpreises als Indiz für das Preisbeeinflussungspotenzial der zu bewertenden Information herangezogen werden.
>
> Die Voraussetzung der Erheblichkeit soll sicherstellen, dass nicht jeder Umstand, der zu einer geringfügigen Preisbewegung führen kann, als Insiderinformation zu bewerten ist. § 13 Abs. 1 Satz 2 WpHG bestimmt den Beurteilungsmaßstab, der als Grundlage für die Bestimmung der Eignung zur erheblichen Preisbeeinflussung heranzuziehen ist. Entscheidend ist danach, ob ein verständiger Anleger die Information bei seiner Anlageentscheidung berücksichtigen würde.

Das ist der Fall, wenn ein Kauf- oder Verkaufsanreiz gegeben ist und das Geschäft dem verständigen Anleger lohnend erscheint. Danach scheiden solche Fälle aus, in denen die Verwertung einer nicht öffentlich bekannten Information von vornherein keinen nennenswerten wirtschaftlichen Vorteil verspricht, und damit kein Anreiz besteht, die Information zu verwenden.

Der Preis eines Wertpapiers wird nicht nur von den Informationen über das betreffende Unternehmen selbst, sondern auch von der Verfassung des Gesamtmarktes oder der Branche sowie von zusätzlichen Faktoren wesentlich geprägt. Gesicherte Aussagen ohne Prüfung im Einzelfall, welche Umstände preisrelevant sind, sind daher nicht möglich.

Für die Beurteilung der Preiserheblichkeit bieten sich folgende Schritte an:

– Zunächst ist zu prüfen, ob der Umstand für sich allein betrachtet im Zeitpunkt des Handelns des Insiders (ex ante) nach allgemeiner Erfahrung ein erhebliches Preisbeeinflussungspotenzial haben kann. Dies kann z. B. ein Übernahmeangebot sein, ein besonders wichtiger Vertragsschluss oder eine bedeutsame Erfindung, eine Gewinnwarnung oder drohende Insolvenz, eine Kapitalherabsetzung oder der Abschluss eines Beherrschungs- und Gewinnabführungsvertrages. Weitere Beispiele sind Dividendenänderungen, vor allem Dividendenkürzungen oder -streichungen. Personalnachrichten weisen dagegen nur in Ausnahmefällen ein erhebliches Preisbeeinflussungspotenzial auf, insbesondere, wenn sie keine Vorstands- oder Aufsichtsratsmitglieder betreffen. Anders kann dies bei Personen mit besonderer Bedeutung für das Unternehmen – wie etwa Unternehmensgründern – sein.

– Sodann sind auch die im Zeitpunkt des Handelns vorliegenden oder absehbaren konkreten Umstände des Einzelfalls zu berücksichtigen, die das Preisbeeinflussungspotenzial erhöhen oder vermindern können. Sollte sich beispielsweise bei der Aufstellung des Jahresabschlusses eine Gewinnsteigerung oder ein Verlust von 50 Prozent gegenüber dem Vorjahr ergeben, stellt dies zwar eine neue Information dar; die Eignung zur erheblichen Preisbeeinflussung hängt jedoch entscheidend davon ab, welche Informationen oder Prognosen bereits vor der Aufstellung des Jahresabschlusses zur Ertragslage öffentlich vorliegen oder vom Unternehmen abgegeben worden sind. Hat der Vorstand während des laufenden Geschäftsjahrs kontinuierlich über das erwartete Ergebnis berichtet und hat der Markt diese Informationen aufgenommen (z. B. durch Presseberichterstattung, Einschätzungen von Analysten usw.), ist keine Eignung zur erheblichen Preisbeeinflussung mehr gegeben. Es ist jedoch zu beachten, dass diese Voraussetzungen nur in relativ wenigen Fällen sämtlich vorliegen werden. Den Markt überraschende Geschäftszahlen sind in der Regel zur Preisbeeinflussung geeignet."

Jetzt fragen Sie sich sicher, wann Sie als Insider gelten und welche Informationen insider-relevant sind. Hier kommen wir auf das Beispiel vom Kauf oder Verkauf von Unternehmensteilen zurück. Das ist Insiderwissen und Sie als Mitarbeiter, wenn Sie in den zuständigen Abteilungen arbeiten, bekommen natürlich als Erster etwas davon mit, Sie kennen den Kaufpreis und Sie wissen, wie weit die Verhandlungen sind, Sie haben also Detailwissen.

Insiderinformationen gibt es in fast allen Abteilungen in einem Unternehmen. Wenn Sie z. B. im Controlling arbeiten, sehen Sie als Erster die Jahreszahlen, Sie kennen den Rolling Forecast und das Budget, wissen, wann gespart werden muss und wann nicht. Im Bereich des Einkaufs beispielsweise bekommen Sie mit, wie sich die Rohstoffpreise entwickeln. Auch das ist Insiderwissen. Nehmen wir einmal an, der Einkaufspreis für Rohstoffe, die bei Ihnen im Unternehmen ständig benötigt werden, steigt auf das Doppelte. Dies würde bedeuten, dass auch die Preise für den Verbraucher steigen. Auch eine solche Tatsache kann den Aktienkurs beeinflussen. Im Bereich der Forschung und Entwicklung wissen Sie, ob ein bahnbrechendes Produkt in der Pipeline ist. Als Mitarbeiter in der Personalabteilung gehören Sie zu dem Personenkreis, der als Erstes erfährt, wenn viele Entlassungen anstehen. In der Rechtsabteilung sind Sie oftmals von Anfang an informiert, wenn Unternehmensteile verkauft oder geschlossen werden, Sie wissen, ob Klagen oder gar Sammelklagen gegen das Unternehmen eingereicht werden und vieles mehr. Sie sehen: Es ist wichtig, dass Sie gut informiert sind und wissen, wie Sie sich verhalten müssen.

Der Begriff „Insiderinformation" ist auch in § 13 WpHG genau definiert. Insiderinformationen sind nach § 13 WpHG (Wertpapierhandelsgesetz):

> „(1) Eine Insiderinformation ist eine konkrete Information über nicht öffentlich bekannte Umstände, die sich auf einen oder mehrere Emittenten von Insiderpapieren oder auf die Insiderpapiere selbst beziehen und die geeignet sind, im Falle ihres öffentlichen Bekanntwerdens den Börsen- oder Marktpreis der Insiderpapiere erheblich zu beeinflussen.

> Eine solche Eignung ist gegeben, wenn ein verständiger Anleger die Information bei seiner Anlageentscheidung berücksichtigen würde. Als Umstände im Sinne des Satzes 1 gelten auch solche, bei denen mit hinreichender Wahrscheinlichkeit davon ausgegangen werden kann, dass sie in Zukunft eintreten werden. Eine Insiderinformation ist insbesondere auch eine Information über nicht öffentlich bekannte Umstände[...]

> (2) Eine Bewertung, die ausschließlich aufgrund öffentlich bekannter Umstände erstellt wird, ist keine Insiderinformation, selbst wenn sie den Kurs von Insiderpapieren erheblich beeinflussen kann."

Beispiele für zukünftige Ereignisse sind:

- Ereignisse mit hinreichender Wahrscheinlichkeit des Eintritts, z. B. Planungen, Prognosen, Käufe, Verkäufe etc.,

- nicht öffentlich bekannte Informationen (ein Unternehmenskauf oder -verkauf wird niemals vorher öffentlich sein),

- Informationen, die geeignet sind, den Preis des Wertpapiers zu beeinflussen,

- Informationen, die auf realistische Grundlagen gestützt, aber nicht öffentlich bekannt sind; dazu gehören beispielsweise Informationen mit Bezug auf das Insiderpapier, wie z. B.

- Marktdaten (hierzu gehört auch die dem Verbraucher evtl. noch nicht bekannte zukünftige Veränderung eines Marktes),

- Rohstoffpreise,

- Ordervolumen (wenn Ihr Unternehmen auf einmal nur noch die Hälfte bestellt, kann ein Dritter einen Rückschluss auf die wirtschaftliche Lage Ihres Unternehmens ziehen, egal ob diese Schlussfolgerung richtig oder falsch ist),

- Auftraggeber,

- Änderungen in den Jahresabschlüssen und Zwischenberichten sowie den hieraus abgeleiteten Unternehmenskennzahlen,

- Dividendenänderungen (oftmals ein Hinweis für die Aktionäre, ob es einem Unternehmen gut geht oder nicht),

- Kapital- und Finanzierungsmaßnahmen (Aufnahme von Krediten etc.),

- strategische Unternehmensentscheidungen (Verkauf oder Ausgliederung von Unternehmensteilen, werden vom Finanzmarkt oft unterschiedlich aufgenommen, können den Aktienkurs nach oben oder nach unten beeinflussen),

- bedeutsame Kooperationen,

- Erwerb oder Veräußerung von wesentlichen Geschäften,

- Erteilung oder Verlust bedeutender Patente (damit ist die Chance für Nachahmerprodukte auf dem Markt größer),

- Gewährung wichtiger Lizenzen,

- Rechtsstreitigkeiten und Kartellverfahren von besonderer Bedeutung (gerade Rechtsstreitigkeiten können, je nachdem in welchem Land sie durchgeführt werden, in Millionenhöhe geführt werden; denken Sie beispielsweise an den Fall des zu heißen Kaffees in den USA in einer renommierten Fast-Food-Kette, der Schadenersatz war siebenstellig),

- Insolvenzanträge,

■ Zahlungsunfähigkeit oder Überschuldung,

■ bedeutsame Forschungserfolge.

Im Oktober 2009 veröffentlichte N24 einen Artikel über einen Insiderskandal in den USA, an dem die Top-Manager des Unternehmens an dem Betrug mitverdient hatten. Hier ein Auszug: (Quelle: dpa, N24, 19.10.2009, Roland Freund, Artikel: Top-Manager verdienen am Erfolg mit, http://www.n24.de/news).

> „Der an der Wall Street ruchbar gewordene Insiderskandal droht, ein erschreckendes Ausmaß anzunehmen. Chefs unzähliger US-Konzerne sollen mitverdient haben. Dem Finanzplatz droht der Image-GAU.
>
> Der wohl größte Insiderhandel-Skandal der Hedgefonds-Branche rund um Milliardär Raj Rajaratnam zieht große Kreise. Nicht nur an der Wall Street, sondern bis hinein in US-Vorzeigekonzerne. Neben dem Millionenschaden drohe Amerika eine neue enorme Image-Katastrophe, urteilen US-Medien. Fahnder hatten den 52-Jährigen kurz vor dem Wochenende in seinem New Yorker Luxus-Appartement festgenommen, angeblich mit einem Flugticket nach London in der Tasche. Mit fünf Top-Managern als Komplizen soll er über illegale Aktiengeschäfte rund 20 Millionen US-Dollar ergaunert haben.
>
> Der spektakuläre Fall erinnert an den berüchtigten Insiderhändler Ivan F. Boesky Mitte der 80er-Jahre. Der Börsenbetrüger war Vorbild für den von Michael Douglas verkörperten Gordon Gekko im Kinoklassiker "Wall Street" von Oliver Stone. Der Regisseur dreht gerade Teil II.
>
> Mit an der Wall Street unüblichen Methoden der Terrorbekämpfung schlugen FBI und Staatsanwalt diesmal zu. Stundenlang belauschten sie Telefongespräche, werteten Unmengen von Daten zu Aktiengeschäften aus. Der US-Börsenaufsicht SEC käme ein prominenter Erfolg höchst gelegen: Seit ihren schweren Fehlern in der Finanzkrise und im Fall von Rekordbetrüger Bernard Madoff steht sie massiv in der Kritik. Top-Manager wie IBM-Vizepräsident Robert Moffat steckten den Hedgefonds laut Staatsanwalt Preet Bharara geheime Informationen über ihre Konzerne illegal zu. Wenn die Kurse von IBM, Intel, Google & Co dann etwa nach Bekanntgabe neuer Quartalszahlen stiegen, verdienten sie kräftig mit.
>
> Noch ist ungewiss, ob die Justizbehörden ihre mehrere Jahre zurückreichenden Vorwürfe vor Gericht ausreichend beweisen können. Wenn ja, drohen Rajaratnam bis zu 20 Jahre Gefängnis, manchen US- Medien zufolge sogar lebenslänglich."

In der durch das Anlegerschutzverbesserungsgesetz vom 28. Oktober 2004 neu gefassten Bestimmung wird klargestellt, dass das Durchführen von Eigenaufträgen unter Ausnutzung der Kenntnis bereits erteilter Kundenaufträge, hier ist der Kauf- oder Verkaufsauftrag von Aktien gemeint (sogenanntes Front Running), das Verwerten einer Insiderinformation ist und folglich zu den strafbewehrten Insidergeschäften gerechnet wird. Gemeint ist: Wenn Ihr Banker sieht, dass Sie und viele andere aus Ihrem Unternehmen Aktien bestimmter Firmen kaufen, kann er darauf schließen, dass ein großes Geschäft geplant ist. Er selbst kauft für sich (Eigenauftrag) dann ebenfalls eine große Anzahl von Aktien dieser Firma und hat damit gegen das Insidergesetz verstoßen.

Wie auch der bislang im deutschen Recht verwendete Begriff der „Insidertatsache" umfasst die Insiderinformation, also Informationen, die auf eine realistische Grundlage gestützt sind, keine bloßen Meinungen oder Werturteile.

Es gibt Fälle, in denen bewusst Falschmeldungen zur Kursmanipulation verbreitet werden, um den Wert der Papiere zu erhöhen. Hierzu gehört das sogenannte „Scalping". Scalping kommt aus dem Englischen und bedeutet „skalpieren'", also jemandem bewusst das „Fell über die Ohren ziehen". Das „Scalping" fällt jedoch nicht immer unter den Tatbestand des strafbaren Insiderhandels.

Scalping bezeichnet das Vorgehen mancher Herausgeber von Börsenbriefen, Wirtschaftsjournalisten und anderen umgangssprachlich „Börsengurus" genannten Personen, zu einem günstigen Kurs markteigene Aktien meist kleiner Unternehmen zu kaufen und anschließend gezielt positive Meldungen über das Wertpapier auszustreuen und es in der Öffentlichkeit zum Kauf zu empfehlen. Durch die so gestartete große Nachfrage schnellt der Kurs zunächst in die Höhe, bis die Urheber des Scalpings ihre Anteile wieder verkaufen und einen Kursgewinn einstreichen, der aus der Nachfrage der zum Kauf verleiteten Anleger resultiert. Da durch die raschen Verkäufe der Aktien durch die Täter die Kurse oft wieder stark sinken, erleiden die Anleger, die auf die positiven Nachrichten vertraut haben, nicht selten hohe Spekulationsverluste. So wird ihnen im übertragenen Sinn „das Fell über die Ohren gezogen".

Werden Handelsaufträge in Kenntnis einer späteren öffentlichen Empfehlung erteilt, liegt nach Auffassung des Bundesgerichtshofs eine verbotene Kursmanipulation nach § 20a WpHG vor. Alle anderen Fälle werden nicht als Kursmanipulationsfälle geahndet. Auf der Internetseite des Bundesgerichtshofs (BGH) finden Sie viele Urteile über solcher Fälle.

Ein solcher Verstoß ist in der Regel ordnungswidrig und wird mit einer Ordnungsstrafe belegt. Bei tatsächlicher Einwirkung auf den Marktpreis wird ein solcher Verstoß strafrechtlich verfolgt und kann auch Gefängnisstrafen nach sich ziehen (vgl. § 38 Abs. 2 WpHG). Aber das sind Einzelfallentscheidungen des Gerichts.

5.5   Das Insiderverzeichnis

Seit Inkrafttreten des Anlegerverbesserungsgesetzes (AnSVG) im Jahr 2004 besteht die Verpflichtung, ein sogenanntes Insiderverzeichnis zu führen. Diese Verpflichtung betrifft börsennotierte Emittenten und in deren Auftrag oder für deren Rechnung handelnde Dritte. Gegenüber den in das Verzeichnis Aufgenommenen besteht eine besondere Aufklärungspflicht über die rechtlichen Pflichten, die sich aus dem Zugang zu Insiderinformationen ergeben sowie über die Rechtsfolgen von Verstößen.

Durch die Aufnahme in ein spezielles Insiderverzeichnis sollen diese Personen zum einen hinsichtlich der Weitergabe von vertraulichen Informationen sensibilisiert werden. Zum anderen erleichtert ein solches Verzeichnis die Ermittlungen im Falle eines Verstoßes (z. B. durch die BaFin). Die BaFin hat das Thema Insiderverzeichnisse ebenfalls in ihrem Emittentenleitfaden thematisiert. Den kompletten Leitfaden finden Sie im Internet auf der Seite der BaFin.

Mithilfe von Insiderverzeichnissen können Emittenten den Fluss von Insiderinformationen überwachen. Außerdem machen sie es der Aufsicht leichter, im Verdachtsfall mögliche Insider zu ermitteln.

5.5.1   Aufzunehmende Daten

Der neu in das Wertpapierhandelsgesetz aufgenommene Abschnitt über das Insiderverzeichnis verpflichtet die Emittenten gemäß § 15b Abs. 1 Satz 1 WpHG in Verbindung mit § 14 WpAIV, ein Insiderverzeichnis vorzuhalten. Die Wertpapierhandelsanzeige- und Insiderverzeichnisverordnung (WpAIV) liefert grundlegende Regelungen zum Thema Insider.

Folgende Informationen müssen nach § 15b WpHG enthalten sein:

- ■ die Überschrift **muss** lauten „Insiderverzeichnis nach § 15b WpHG",

- ■ der Name des zur Führung des Verzeichnisses Verpflichteten, wie z. B. der Ihres Vorgesetzten und der Name desjenigen, der das Insiderverzeichnis auch wirklich pflegt, in den meisten Fällen die Assistentin oder der Sachbearbeiter,

- ■ das Datum der Erstellung und das jeweilige Datum der letzten Aktualisierung des Verzeichnisses.

Folgende Daten der aufzunehmenden Personen müssen nach dem Gesetz enthalten sein:

- ■ Vor- und Nachname,

- ■ Geburtsdatum,

- ■ Geburtsort,

- ■ Geschäftsanschrift,

- ■ Privatanschrift,

- ■ Grund für die Erfassung im Insiderverzeichnis (handelt es sich um ein Projekt oder z. B. um einen Funktionsinsider, der regelmäßig Zugang zu relevanten Informationen hat?).

Nicht erfasst wird, ob jemand kurzzeitig wegen Krankheit, Urlaub etc. keinen Zugang zu den Informationen hat. Geht jemand aber z. B. in den Mutterschutz, so wird dies wiederum vermerkt, die entsprechende Mitarbeiterin wird aus dem Verzeichnis ausgetragen.

Die Daten müssen laufend aktualisiert und auf Anfrage der BaFin zugänglich gemacht werden.

Geburtsort und -tag als unverwechselbare Angaben sind ebenfalls in das Verzeichnis aufzunehmen. Denn falls Anfragen beim Einwohnermeldeamt getätigt werden müssen, weil der Mitarbeiter inzwischen das Unternehmen verlassen hat, sind diese Daten zur eindeutigen Identifizierung unabdingbar – denken Sie z. B. an Namensgleichheiten wie Meier, Müller, Schmidt, und das gegebenenfalls noch bei gleichem Vornamen.

In größeren Unternehmen sind die Insiderverzeichnisse meistens mit der Personaldatenbank verknüpft, entweder direkt, oder über die Erfassung in einem SAP-basierten oder über ein web-basiertes Intranet-Programm.

In diesen Fällen reicht es meistens aus, wenn zusätzlich zu Namen und Vornamen die Personalnummer und eventuell noch die User-ID des Mitarbeiters in der Liste angeben werden. In einem großen Konzern mit vielen Teilkonzernen nehmen diese oftmals auch noch den Teilkonzern auf, in dem der Mitarbeiter arbeitet.

Die BaFin räumt bei Anfragen meistens eine Frist von mindestens einer Woche und mehr ein, sodass genügend Zeit bleibt, um Daten zu reaktivieren, die schon einige Zeit zurückliegen.

Nicht aufzunehmen sind Personen, die nicht im Interesse des Unternehmens handeln bzw. dazu verpflichtet sind. Dazu zählen vor allen Dingen die Kunden und Lieferanten eines Unternehmens.

Wie die Unternehmen die Verzeichnisse aufbauen, steht ihnen frei. Denkbar ist beispielsweise ein Aufbau nach Projekten oder nach Vertraulichkeitsbereichen. Mindestvorgaben macht die Wertpapierhandelsanzeige- und Insiderverzeichnisverordnung. Die Personen, die in den Verzeichnissen geführt werden, sind über die allgemeinen betrieblichen Verschwiegenheitspflichten hinaus besonders zu belehren und auf die Folgen eines Verstoßes hinzuweisen, sodass sie für den vorsichtigen Umgang mit Insiderinformationen sensibilisiert werden. Ausführliche Erläuterungen dazu enthält der Emittentenleitfaden der BaFin.

Die Verzeichnisse helfen den Emittenten, den Fluss der Insiderinformation zu überwachen und damit ihren Geheimhaltungspflichten nachzukommen. Hat sich bereits ein konkreter Verdachtsfall ergeben, erleichtern die Verzeichnisse es der BaFin, mögliche Insider zu ermitteln.

5.5.2 Aufbewahrungsfristen und Form von Insiderverzeichnissen

Insiderverzeichnis müssen sechs Jahre lang aufbewahrt werden. Mit jeder Aktualisierung beginnt diese Frist neu.

Sollten Sie das Verzeichnis elektronisch erstellen, was in der heutigen EDV-gestützten Arbeitswelt alltäglich ist, sollten Sie sicherstellen, dass Sie die Daten für zurückliegende Zeiträume auch wieder reaktivieren können. Ansonsten müssen Sie die entsprechenden Dateien, wenn Sie nicht sowieso mit einer entsprechenden Datenbank arbeiten, elektronisch archivieren.

Ein Insiderverzeichnis ist ein sehr sensibles Dokument. Sie müssen dafür Sorge tragen, dass unbefugte Dritte keinen Zugang zu diesem Dokument haben. Nach Ablauf der Aufbewahrungsfrist ist das Verzeichnis zu vernichten. Die Verantwortung für die Aktualität der Insiderverzeichnisse liegt normalerweise in der Rechtsabteilung und teilweise im Bereich Investor Relations. Unternehmen mit einer eigenen Compliance-Abteilung führen das Insiderverzeichnis dort. Meistens ist diese Compliance-Abteilung auch in der Rechtsabteilung angesiedelt.

Das Insiderverzeichnis selbst wird meist in Form einer Tabelle erstellt, aus einem Tabellenkalkulationsprogramm, über eine selbst erstellte Datenbank oder über eine prozessunterstützende Lösung. Es darf nicht veröffentlicht werden, sondern nur den Verantwortlichen zugänglich sein.

5.5.3 Aufklärungspflicht gegenüber den aufzunehmenden Personen

Es besteht außerdem eine Aufklärungspflicht gegenüber den aufzunehmen Personen über ihre Pflichten und die Rechtsfolgen bei Verstößen. Ein Musteraufklärungsschreiben können Sie sich ebenfalls auf der Seite der BaFin im Internet anschauen. Viele Unternehmen haben schon eigene Muster für solche Fälle, die immer wieder herangezogen werden können.

Eine einmalige Aufklärung genügt, sie muss nicht bei jedem neuen Zugang zu einer Insiderinformation vorgenommen werden, Sie muss auch nicht schriftlich bestätigt werden. Ich rate Ihnen jedoch, ein entsprechendes Bestätigungsschreiben zum Nachweis der Aufklärung in Ihrem Unternehmen einzuführen. In der heutigen Zeit, in der ein Großteil der Korrespondenz per E-Mail geführt wird, werden auch solche Aufklärungsschreiben oft als E-Mail verschickt. Das Vorgehen im Unternehmen sollte aber auf jeden Fall immer mit dem betreuenden Rechtsanwalt intern oder extern besprochen werden.

Wer vorsätzlich oder leichtfertig ein Insiderverzeichnis nicht richtig, nicht vollständig oder gar nicht führt oder dieses nicht fristgemäß an die BaFin übermittelt, kann mit einer Geldbuße von bis zu 50.000 Euro belegt werden.

Wenn Sie für sich in Ihrem Unternehmen eine Checkliste erstellen möchten, sollten Sie die im nächsten Abschnitt genannten Punkte aufnehmen:

5.5.4   Checkliste Insiderverzeichnis

■ Müssen Sie in Ihrem Unternehmen ein Insiderverzeichnis führen?

■ Wenn ja: Wer ist in Ihrem Unternehmen für das Insiderverzeichnis verantwortlich?

■ Wer führt das Insiderverzeichnis?

■ Besitzen Sie ein Insiderverzeichnis oder muss erstmals eines erstellt werden?

■ Wenn Sie Insiderverzeichnisse haben: Werden die Fristen zur Aufbewahrung eingehalten (sechs Jahre)?

■ Wie werden Insiderverzeichnisse archiviert, elektronisch oder in Papierform?

■ Haben Sie die Möglichkeit das Verzeichnis mit dem Personalsystem zu koppeln?

■ Wird das Insiderverzeichnis regelmäßig aktualisiert?

■ Sind alle Mitarbeiter, die im Insiderverzeichnis aufgenommen worden sind, aufgeklärt worden?

■ Was können Sie tun? Können Sie Ihren Chef entlasten?

■ Sind alle externen Dritten, die mit sensiblen Daten in Berührung kommen, im Insiderverzeichnis erfasst?

■ Wie ist die Blackout-Period in Ihrem Unternehmen?

■ Kennt jeder Insider die Blackout-Period?

Die Aufgabe zur Führung eines Insiderverzeichnisses ist eine typische Aufgabe, die einer Assistentin oder einem Sachbearbeiter übertragen werden kann. Um sicherzustellen, dass die geführten Verzeichnisse aktuell sind, sollten Sie regelmäßig Abfragen über die Hierarchieinsider durchführen, also den obersten Konzernführungskreis bzw. deren Assistenz, mit der Bitte, Veränderungen in ihrem Bereich zu melden, sodass Sie jederzeit ein aktuelles Insiderverzeichnis vorweisen können. Die großen Unternehmen sind dazu übergegangen, diese Aktualisierung monatlich abzufragen. In Ihrem eigenen Bereich können Sie als Verantwortlicher für das Insiderverzeichnis dafür Sorge tragen, dass jede Änderung des Personals, ob nun interne Versetzungen, Austritt oder Eintritt eines Mitarbeiters, unverzüglich in das Insiderverzeichnis aufgenommen wird. Bei Eintritt eines neuen Kollegen sollte direkt der Vorgesetzte darauf hingewiesen und befragt werden, ob der neue Kollege in seiner Funktion regelmäßigen Zugang zu den Insiderinformationen haben wird oder nicht. Bei Austritt oder Stellenwechsel eines Mitarbeiters muss das Insiderverzeichnis unverzüglich aktualisiert werden.

In kleineren Unternehmen mit weniger Personal reicht sicherlich eine Überprüfung im Drei-Monats-Zyklus aus. Aber das ist immer von der Personalstärke eines Unternehmens abhängig. In einem großen Unternehmen wechselt das Personal schneller oder wechselt schneller intern auf eine andere Stelle als in einem mittelständischen oder kleinen Unternehmen.

Grundsätzlich sind die Unternehmen frei in der Gestaltung des Insiderverzeichnisses, es muss nur die gesetzlichen Mindestanforderungen enthalten.

Wenn ein Insiderverzeichnis neu im Unternehmen eingeführt wird oder aber als neue Aufgabe in Ihren eigenen Zuständigkeitsbereich fallen sollen, bitten Sie die Personalabteilung um Hilfe. Sie können gemeinsam prüfen, welche Daten über die Mitarbeiter in Ihrem Unternehmen gespeichert sind. In den meisten Fällen sind zumindest die Grundangaben vorhanden. Alle Daten, die nicht in der Personaldatenbank gespeichert sind, müssen so in das Insiderverzeichnis aufgenommen werden.

Auch die Unterscheidung der Art der Insider muss deutlich gemacht werden. Während Hierarchie- und Funktionsinsider meistens ständig im Insiderverzeichnis gelistet sind (es sei denn, sie verlassen das Unternehmen oder wechseln auf eine andere Position), sind Anlassinsider oder externe Insider oftmals nur begrenzt im Insiderverzeichnis.

5.6 Insiderhandel

Wer als Insider sein Wissen über die Börse „verkaufen" will, läuft Gefahr, strafrechtlich belangt zu werden. Wertpapiergeschäfte, die geeignet sind, einem Insider wirtschaftliche Vorteile zu verschaffen, sind nach dem gültigen Wertpapierhandelsgesetz (WpHG) in Deutschland strafbar.

5.6.1 Insiderhandelsverbote

Wenn feststeht, dass Sie über Insiderinformationen verfügen, ist es nach § 14 WpHG verboten,

- unter Verwendung der Insiderinformation Insiderpapiere für eigene oder fremde Rechnung oder für einen Dritten zu erwerben oder zu veräußern (§ 14 Abs. 1 Nr. 1 WpHG),

- einem anderen eine Insiderinformation unbefugt mitzuteilen oder zugänglich zu machen (§ 14 Abs. 1 Nr. 2 WpHG),

- einem anderen auf der Grundlage einer Insiderinformation den Erwerb oder die Veräußerung von Insiderpapieren zu empfehlen oder ihn auf sonstige Weise dazu zu verleiten (§ 14 Abs. 1 Nr. 3 WpHG).

Nach Auffassung der BaFin liegt ein Verwenden dann vor, wenn der Insider in Kenntnis der Insiderinformation handelt und dabei die Information in sein Handeln einfließen lässt.

Der Insider muss beispielsweise zum Zeitpunkt der Erteilung eines Kauf- oder Verkaufs-auftrags Kenntnis von der Insiderinformation haben. Hat er den entsprechenden Auftrag vor der Kenntniserlangung erteilt, so ist das kein Verstoß gegen die Insiderhandelsverbote. Er muss den Auftrag auch nicht stornieren, nachdem er Kenntnis von der Insiderinforma-tion hat.

Dies bedeutet für Sie persönlich: Es gibt eine sogenannte „Blackout Period". In dieser Zeit dürfen Sie mit Aktien, die Sie von Ihrer Firma haben, nicht handeln, sie also weder kaufen noch verkaufen. Das Gleiche gilt für die Aktien der Firma, die eventuell aufgekauft wer-den soll. Sollten Sie jedoch z. B. am 5. November einen Verkaufsauftrag für Ihre Aktien erteilen und am 6. November werden Sie auf einmal zu einem Projektinsider, kann der Auftrag trotzdem durchgeführt werden, da Sie am Tag der Erteilung des Verkaufsauftrags noch keinen Insiderstatus hatten.

Viele Unternehmen bieten ihren Mitarbeitern Aktien der Firma zum Kauf zu einem Vor-teilspreis an. Die meisten Mitarbeiter greifen auf dieses Angebot zurück. Wenn Ihr Unter-nehmen ebenfalls ein Aktienprogramm für die Mitarbeiter anbietet, werden Sie feststellen, dass auch Ihr Unternehmen die Zeit zum Kauf der Aktien aus dem Mitarbeiterangebot in eine Zeit legt, in der auch die Insider in dem Unternehmen Aktien kaufen dürfen.

Die Weitergabe von Insiderinformationen ist allerdings erlaubt, wenn der Dritte, dem die Information weitergegeben wird, diese Information zur Erfüllung seiner Aufgaben benö-tigt. Denken Sie an Ihre Vertretung, wenn Sie in den Urlaub gehen.

Zu entscheiden, ob der Kollege Insider ist oder nicht, ist nicht immer einfach und kann in der Praxis zu einer Gefahrenquelle werden. Am einfachsten ist es, wenn Sie die Insider-verzeichnisse führen und pflegen. Dann wissen Sie genau, ob der Anfragende schon im Insiderverzeichnis erfasst ist oder nicht. Dies ist speziell bei Projekten der Fall (vgl. dazu Kapitel 5.5).

Wenn das Führen des Insiderverzeichnisses nicht zu Ihrem Verantwortungsbereich gehört, können Sie sich beim Projektleiter erkundigen. In den meisten Fällen sehen Sie schon an-hand der Position, ob der Dritte schon einen Insiderstatus hat (Hierarchie- oder Funktions-insider). Dann gibt es keine Bedenken. Wenn jemand mit Ihrem Vorgesetzten einen Ter-min zu einem Projekt möchte, bei dem Sie wissen, dass zur Informationsweitergabe eine Geheimhaltungsvereinbarung (Personal Pledge) unterschrieben werden muss, erkundigen Sie sich, ob dies vielleicht schon geschehen ist. Wenn nicht, weisen Sie Ihren Vorgesetzten darauf hin und geben Sie ihm ein für dieses Projekt bestimmtes „Personal Pledge", damit es direkt bei Gesprächsbeginn unterzeichnet werden kann. Damit sind Sie und Ihr Vorge-setzter auf der sicheren Seite, dass keine Informationen nach außen bzw. an Dritte gelan-gen, zu denen diese eigentlich keinen Zugang haben dürfen.

5.6.2   Rechtsfolgen bei Vorliegen eines Verstoßes

Seit dem Inkrafttreten des Anlegerverbesserungsschutzgesetzes ist schon der Versuch des Erwerbs oder die Veräußerung von Aktien unter Verwendung von Insiderinformationen strafbar und wird mit Freiheitsstrafen bis zu fünf Jahren oder Geldstrafen geahndet.

Eines der bekanntesten Beispiele für Insiderhandel ist die Ausnutzung eines Informationsvorsprungs durch den damaligen IG-Metall-Chef Franz Steinkühler im Jahr 1993. Als Aufsichtsratsmitglied der Daimler-Benz AG war ihm bekannt, dass ein Umtausch von Mercedes-Aktien in Daimler-Aktien bevorstand. Es war für ihn absehbar, dass mit Bekanntwerden dieser Information der Kurs der Mercedes-Aktie deutlich ansteigen würde. Er empfahl deswegen Verwandten den Kauf dieser Aktie. Gerichtliche Folgen hatte diese Aktion nicht, da erst 1995 die Ausnutzung von Informationsvorteilen im Aktienhandel unter Strafe gestellt wurde.

Ein weiteres prominentes Beispiel ist der Fall Rajaratnam Anfang 2010. Im manager magazin wurde im Januar 2010 ausführlich darüber berichtet. In diesem Fall hatte ein Mitarbeiter einer großen Beraterfirma Rajaratnam einen Tipp gegeben, durch den er einen Wissensvorsprung gewann, der sich mit mindestens 36 Millionen US-Dollar Gewinn auszahlte. Es ging dabei um Insiderinformationen aus der IT-Branche und den Kauf eines anderen IT-Unternehmens durch einen bekannten Chipkonzern. Insgesamt sieben Beschuldigte hatten damals einen Deal mit der Staatsanwaltschaft vereinbart, um mildere Strafen zu bekommen. Rajartnam und 21 Komplizen sollen mithilfe von Insiderinformationen aus verschiedenen Unternehmen hohe Gewinne eingestrichen haben. Auch US-Top-Unternehmen, die in den Insiderskandal verstrickt waren, haben darunter gelitten. Erste ranghohe Mitarbeiter aus den Unternehmen sind inzwischen entlassen worden.

Durch den Fall Rajaratnam ist ein ganzes Netzwerk der Insiderkriminalität aufgeflogen. Man spricht von Summen in Höhe von 56 Millionen US-Dollar, die dieses Netzwerk kassiert haben soll. Dieser Skandal hat die Wall Street erschüttert. Neben der Staatsanwaltschaft ermitteln FBI und die US-Börsenaufsicht gegen die Beschuldigten.

Der Tatbestand des verbotenen Insiderhandels ist weitreichend und es gibt kaum einen Wirtschaftszweig, der nicht davon betroffen ist.

Je nachdem, ob es sich um einen Primär- oder Sekundärinsider handelt, fallen die Strafen unterschiedlich aus: Primärinsidern drohen Freiheitsstrafen von bis zu fünf Jahren oder Geldbußen; erhält ein Sekundärinsider Informationen von einem Primärinsider und verwendet diese zum Insiderhandel, kann dies als Ordnungswidrigkeit mit einer Geldbuße von bis zu 200.000 Euro bestraft werden.

5.7   Überwachung des Insiderhandels

In Europa ist es Aufgabe der nationalen Börsen- und Wertpapieraufsichtsbehörden, den Insiderhandel zu überwachen. Ziel ist es, die Funktionsfähigkeit fairer Märkte für Wertpapiere und die Einhaltung der gesetzlichen Vorschriften zu sichern. Ein Element der Überwachungsaufgaben ist dabei das Aufspüren und Verfolgen verbotener Insidergeschäfte.

Die Geschäfte mit Insiderpapieren werden in Deutschland von der Bundesanstalt für Finanzdienstleistungsaufsicht (BaFin) täglich mithilfe von speziellen EDV-Programmen sowohl automatisiert als auch manuell auf auffällige Kursbewegungen oder verdächtige Umsätze hin untersucht. Wertpapierdienstleistungsunternehmen, z. B. Banken und Sparkassen, müssen Geschäfte, die den Verdacht begründen, dass damit gegen das Insiderhandelsverbot oder das Verbot der Kursmanipulation verstoßen wurde, der BaFin anzeigen. In Banken und Sparkassen gibt es Mitarbeiter, deren Hauptaufgabe es ist, genau auf diese Dinge zu achten. Sie überwachen auch, ob Vorstandsmitglieder von Aktiengesellschaften in großen Mengen ihre Aktien verkaufen oder kaufen und ob dies in der Blackout Period passiert oder nicht.

Als Faustregel für die Blackout Period gilt: sechs Wochen nach Quartalsschluss plus zwei Tage. Immer nach Veröffentlichung der Quartalszahlen beginnt die Zeit, in der mit Aktien gehandelt werden darf (für ungefähr vier bis fünf Wochen).

Handelt beispielsweise ein Vorstandsmitglied eines großen Konzerns mit seinen Aktien und es fällt später durch Presseveröffentlichung auf, dass er unter Ausnutzung von Insiderwissen gehandelt hat, weil er z. B. weiß, dass in ein paar Wochen ein Unternehmen aufgekauft werden soll oder dass das Unternehmen, in dem er arbeitet, verkauft werden soll, sind die Mitarbeiter in der Bank verpflichtet, dies der BaFin zu melden. Die BaFin prüft dann, ob der Verdacht begründet ist oder nicht.

Damit Sie sich ein Bild davon machen können, was die BaFin für die Anleger leistet, hier ein kurzer Auszug zur Organisation der BaFin, Stand März 2010 (Quelle: BaFin, Internetseite, Wir über uns, Organisation, www.bafin.de).

Zu diesem Zeitpunkt arbeiteten ca. 1.000 Beschäftigte bei der BaFin in Frankfurt am Main und in Bonn. Sie beaufsichtigen ca. 2.000 Banken, 710 Finanzdienstleister, rund 620 Versicherungsunternehmen, 28 Pensionsfonds, etwa 6.000 inländische Fonds und 73 Kapitalanlagegesellschaften.

Die BaFin bekämpft und überwacht den verbotenen Insiderhandel. Zur Überwachung des Insiderhandelsverbotes analysieren Mitarbeiter der Wertpapieraufsicht routinemäßig das Handelsgeschehen anhand der Daten über sämtliche Wertpapiergeschäfte, die Kredit- und Finanzdienstleistungsinstitute melden müssen. Außerdem wertet die BaFin alle Ad-hoc-Mitteilungen börsennotierter Unternehmen aus und geht Hinweisen Dritter nach. Das können Anleger sein, aber auch andere Behörden oder die Presse. Die BaFin gleicht zunächst die Kurs- und Umsatzentwicklung mit der Informationslage zu diesem Wertpapier ab.

Ergeben sich Anhaltspunkte für Insidergeschäfte, leitet die BaFin eine förmliche Insideruntersuchung ein. Dabei ermittelt sie, wer Auftraggeber der des Insiderhandels verdächtigen Geschäftes war. Erhärtet sich ein Verdacht, erstattet die BaFin Strafanzeige bei der zuständigen Staatsanwaltschaft. Insiderhandel kann mit Freiheitsstrafe von bis zu fünf Jahren oder Geldstrafe geahndet werden. Bei Sekundärinsidern, also Personen, die anders als etwa Vorstände oder Aufsichtsräte über keine besondere Verbindung zum Unternehmen verfügen, aber dennoch von der Insiderinformation erfahren haben, kann die BaFin die unbefugte Weitergabe von Insiderinformationen oder die Empfehlung zum Kauf oder Verkauf selbst als Ordnungswidrigkeit verfolgen.

Über eine sehr strenge Überwachung des Börsengeschehens in ihrem Land verfügen z. B. die USA. Dort ist die bereits 1934 gegründete Securities and Exchange Commission (SEC), eine unabhängige Bundesbehörde in Washington, neben der Börsenzulassung von Wertpapieren und dem Anlegerschutz auch für das Entdecken von widerrechtlichem Insiderhandel zuständig. Die USA gilt als Mutter des Insiderhandelsverbots. In den USA herrschte bislang die Theorie vor, die Ausnutzung von Insiderwissen stelle einen Treuebruch gegenüber den übrigen Marktteilnehmern dar. Man nennt es „fiduciary duty theory" = Verletzen der Fürsorgepflicht, Verletzen der Treuhänderpflicht. Neuerdings folgt das amerikanische Insiderrecht der „misappropriation theory" (= Veruntreuung, Unterschlagung, Betrug, auch: widerrechtliche Verwendung), nach der Insiderhandel eine untreueähnliche Handlung ist. Der Insider „veruntreut" die Insiderinformation gegenüber dem Emittenten. Mit diesem Ansatz ist das amerikanische Insiderrecht gesellschaftsrechtlich ausgerichtet. Der Unterschied liegt im Strafmaß, mit dem der Insiderhandel bestraft werden kann.

In den Mitgliedstaaten der Europäischen Union sind die Nutzung und Weitergabe von Insiderinformationen – mit geringen Unterschieden – in demselben Umfang verboten wie in Deutschland. Die Marktmissbrauchsrichtlinie (Richtlinie 2003/6/EG) verpflichtet die Nationalstaaten zum Erlass entsprechender Verbote und zur Sanktionierung von Verstößen.

Sie haben nun viel über Insider gelesen. Wenn Sie das Thema beruflich betrifft, prüfen Sie in dem Unternehmen, in dem Sie arbeiten, wie dort mit dem Thema Insider umgegangen wird.

Um Schaden von dem Unternehmen abzuwenden oder es schon vorher dagegen abzusichern, ist es unerlässlich, dass gerade das Thema Insider auch ernst genommen wird. Auch Insider, Insiderinformationen und Insiderverzeichnisse gehören zu den Leitungsaufgaben, was bedeutet, dass sie im oberen Konzernführungskreis angesiedelt sind.

In den großen Unternehmen wird der sogenannte Konzernführungskreis, also die oberen Führungskräfte, automatisch als Hierarchieinsider angeschrieben. Idealerweise wird dieser Hinweis schon am ersten Arbeitstag verschickt bzw. den Hierarchieinsidern zugänglich gemacht. Die Manager selbst müssen dann diese Aufgabe weiter nach unten delegieren. Sie ernennen ihre Funktionsinsider. Man kann sich gut vorstellen, dass es nicht immer einfach ist, tatsächlich jeden Bereich und jeden Manager dazu anzuhalten, diese Aufgabe auch ernst zu nehmen. Es scheint immer gerade etwas Wichtigeres und Dringenderes zu tun zu sein, als sich um die Insider zu kümmern.

Diese Aufgabe kann sehr gut von Sachbearbeitern oder Assistentinnen übernommen werden. Dem Vorgesetzten muss klar gemacht werden, wie wichtig dieses Thema ist und welche Sanktionen auf das Unternehmen zukommen können, wenn Insiderverzeichnisse nicht ordnungsgemäß geführt und regelmäßig aktualisiert werden. Überlegen Sie gemeinsam, wie dieses Problem am besten organisatorisch angegangen werden kann. Übernehmen Sie als Mitarbeiter Verantwortung und auch gleichzeitig die Aufgabe, sich um die Insiderverzeichnisse zu kümmern.

Schauen Sie regelmäßig auf die Internetseite der BaFin. Dort finden Sie immer aktuelle Neuerungen und Hinweise auf eventuell bevorstehende Änderungen in den Gesetzen, die Sie bei Ihrer täglichen Arbeit im Umgang mit Insidern benötigen.

6 Rechtliche Grundlagen

In Europa ist das Europarecht ein überstaatliches Recht. Dieses Recht wird auch als Unionsrecht bezeichnet. Innerhalb der Europäischen Union werden u. a. Verordnungen und Richtlinien erlassen. Verordnungen gelten unmittelbar in den Mitgliedstaaten. Einige Richtlinien wirken unmittelbar, andere müssen erst noch in den Mitgliedstaaten in nationales Recht umgesetzt werden.

6.1 Marktmissbrauchsrichtlinie

Der europäische Gesetzgeber hat am 28. Januar 2003 die Marktmissbrauchsrichtlinie (Richtlinie 2003/6/EG) verabschiedet. Darin werden unter anderem auf europäischer Ebene geregelt:

- die Ad-hoc-Publizität,

- die Offenlegung von Directors' Dealings,

- das Verbot der Marktmanipulation,

- das Verbot von Insidergeschäften.

Ziel dieser Richtlinie ist es, einheitliche Regelungen im Hinblick auf Insiderhandel und Marktmanipulation in den Mitgliedstaaten zu erreichen, um dadurch das Vertrauen der Anleger in die Kapitalmärkte zu stärken.

Dazu wurden Regelungen der Insiderrichtlinie (Richtlinie 89/592/EWG) und der Börsenzulassungsrichtlinie (Richtlinie 2001/34/EG, im Hinblick auf die Ad-hoc-Publizität) durch neue ersetzt sowie bestimmte Pflichten erstmalig auf europäischer Ebene geregelt. Da es sich um Richtlinien handelt, galt die Marktmissbrauchsrichtlinie in den Mitgliedstaaten nicht unmittelbar, sondern musste von den jeweiligen nationalen Gesetzgebern erst in das jeweilige national geltende Recht integriert werden.

6.2 Übernahmerichtlinie

Die Richtlinie 2004/25/EG des europäischen Parlaments und des Rats vom 21. April 2004 betreffend Übernahmeangebote (Übernahmerichtlinie) schafft auf europäischer Ebene eine Rahmenregelung für Übernahmeverfahren. Sie dient dem Schutz der Interessen der Aktionäre bei Übernahmeangeboten und sonstigen Kontrollerwerben. Durch die Festlegung von Mindestvorgaben bei der Abwicklung von Übernahmen sollen EU-weit ein einheitlicher Standard und Transparenz geschaffen werden.

6.3   Markets in Financial Instruments Directive

Die Richtlinie 2004/39/EG (Markets in Financial Instruments Directive) ist das Kernstück zur Schaffung eines integrierten EU-Finanzmarkts. Sie richtet sich an geregelte Märke und an die Wertpapierfirmen, die an diesen Marktplätzen agieren. Das Ziel dieser Richtlinie ist, gleiche Wettbewerbsbedingungen für Wertpapierfirmen und Handelsplätze zu schaffen und den Anlegerschutz und die Marktintegrität zu wahren. Sie enthält sowohl eine detaillierte Organisationspflicht und Wohlverhaltensregeln für Wertpapierfirmen als auch ein Konzept zur Regulierung von Wertpapierhandelsplätzen.

6.4   Transparenzrichtlinie

Die Richtlinie 2004/109/EG des europäischen Parlaments zur Harmonisierung der Transparenzanforderungen bezeichnet man als Transparenzrichtlinie. Sie bezieht sich auf Informationen über Emittenten, deren Wertpapiere zum Handel auf einem geregelten Markt zugelassen sind, und soll sicherstellen, dass wichtige Unternehmensinformationen europaweit bekanntgegeben und in Datenbanken verfügbar gehalten werden. Die rechtzeitige Veröffentlichung vollständiger und zutreffender Informationen durch die Emittenten soll den Anlegern eine hinreichende Grundlage für die Investitionsentscheidungen geben, das Vertrauen in den Kapitalmarkt stärken und die Investitionsbereitschaft fördern.

6.5   Transparenz- und Publizitätsgesetz

Der deutsche Gesetzgeber hat eine Reihe von Gesetzen im Rahmen des am 25. Februar 2003 veröffentlichten Maßnahmenkatalogs der Bundesregierung zur Stärkung des Anlegerschutzes und des Vertrauens in die Aktienmärkte verabschiedet.

Mit § 161 AktG des Transparenz- und Publizitätsgesetzes (TransPuG) vom 19. Juli 2002 wurde die Verpflichtung von Vorständen und Aufsichtsräten börsennotierter Unternehmen zur Abgabe einer jährlichen Erklärung zum Corporate-Governance-Kodex eingeführt. Nach diesem Gesetz sind Vorstand und Aufsichtsrat von börsennotierten Gesellschaften dazu verpflichtet zu erklären, ob den Empfehlungen des Deutschen-Corporate-Governance Kodex entsprochen wurde bzw. wird und welche nicht angewendet wurden oder werden. Diese Erklärung ist den Aktionären dauerhaft (auf den Internetseiten der Gesellschaft) zugänglich zu machen. Diese Erklärung wird auch „Intensivierung der Vorstandsberichte" genannt.

Weiterhin wurden u. a. eingeführt: die Erweiterung der Konzernrechnungslegung und die Stärkung der Stellung des einzelnen Aufsichtsratsmitglieds sowie Vorschriften zur besseren Informierung des Aufsichtsrats, zur Deregulierung und zur Zulassung neuer Kommunikationsmedien.

6.6   Anlegerschutzverbesserungsgesetz

Die Marktmissbrauchsrichtlinie wurde mit dem Anlegerschutzverbesserungsgesetz vom 28. Oktober 2004 in das deutsche Recht umgesetzt. Der deutsche Gesetzgeber hat sich dabei der Regelungstechnik der Marktmissbrauchsrichtlinie bedient, sodass sich weitere Einzelheiten und Konkretisierungen der Normen in den nachfolgend erlassenen Rechtsverordnungen finden. Zu nennen sind:

- Verordnung zur Konkretisierung von Anzeige-, Mitteilungs- und Veröffentlichungspflichten sowie die Pflicht zur Führung von Insiderverzeichnissen nach dem Gesetz über den Wertpapierhandel,

- Verordnung über die Analyse von Finanzinstrumenten,

- Verordnung zur Konkretisierung des Verbotes der Marktmanipulation.

6.7   Bilanzreformgesetz

Das Bilanzreformgesetz hat Vorschriften eingeführt, die der Stärkung der Unabhängigkeit der Abschlussprüfer und zugleich der Fortentwicklung und Internationalisierung des deutschen Bilanzrechts dienen sollen.

6.8   Vorstandsvergütungsoffenlegungsgesetz

Durch dieses Gesetz vom 03. August 2005 wurde die individualisierte Offenlegung von Bezügen von Vorstandsmitgliedern im Jahres- bzw. Konzernabschluss eingeführt.

Nach diesem Gesetz wird eine Pflicht zur Offenlegung individueller Vorstandsvergütungen im Anhang zum Jahres- bzw. Konzernabschluss oder alternativ in einem besonderen Vergütungsbericht als Teil des Lageberichts eingeführt. Die Hauptversammlung der börsennotierten Aktiengesellschaft kann aber mit einer qualifizierten Mehrheit von drei Vierteln des bei der Beschlussfassung vertretenen Grundkapitals für jeweils höchstens fünf Jahre beschließen, von der Offenlegung abzusehen. Die Angabe der auf jedes Vorstandsmitglied entfallenden Vergütung bei börsennotierten Aktiengesellschaften soll die Feststellung erleichtern, ob die Bezüge in einem angemessenen Verhältnis zu den Aufgaben des Vorstandsmitglieds und zur Lage der Gesellschaft stehen. Zugleich wird die Information für den Anleger als wichtig angesehen und soll den Anlegerschutz verbessern. Das Gesetz wurde für erforderlich gehalten, nachdem sich eine nicht unbeachtliche Zahl von Unternehmen entsprechenden Anforderungen des auf dem Prinzip der freiwilligen Selbstverpflichtung beruhenden Corporate-Governance-Kodex entzog.

6.9   Weitere wesentliche Gesetze

Weitere wesentliche Gesetze, auf die aber in diesem Buch nicht näher eingegangen wird, sind:

- ■ Bilanzkontrollgesetz,

- ■ Kapitalanleger-Musterverfahrensgesetz,

- ■ Gesetz zur Unternehmensintegrität und Modernisierung des Anfechtungsrechts,

- ■ Wertpapiererwerbs- und Übernahmegesetz und Übernahmerichtlinien-Umsetzungsgesetz,

- ■ Transparenzrichtlinie-Umsetzungsgesetz,

- ■ Finanzrichtlinie-Umsetzungsgesetz.

6.10   § 15 WpHG, Ad-hoc-Publizität

Nach § 15 WpHG müssen Inlandsemittenten von Finanzinstrumenten Insiderinformationen, die sie unmittelbar betreffen, unverzüglich der Bundesanstalt für Finanzdienstleistungsaufsicht (BaFin) und den Börsen mitteilen, sie anschließend veröffentlichen und an das Unternehmensregister im Sinne von § 8b HGB übermitteln. „Unverzüglich" heißt in diesem Fall innerhalb von vier Handelstagen. Dies gilt aber nur für bestimmte Meldungen („unverzüglich" bedeutet „ohne schuldhaftes Zögern").

Einige Unternehmen haben schon entsprechende Systeme etabliert, z. B. webbasierte Anwendungen, in denen entsprechende Meldungen „intern" eingestellt werden können. Dort können Fristen hinterlegt werden, bis wann intern abgestimmt sein muss, ob es sich um eine meldepflichtige Insiderinformation handelt oder nicht. Die Entscheidungsträger im Unternehmen müssen innerhalb dieser vier Handelstage eine Meldung an die BaFin geben.

Sollte ein solches System bei Ihnen im Unternehmen noch nicht implementiert sein, können Sie sich mit Wiedervorlagen im Kalender bei Ihnen und bei Ihrem Vorgesetzten behelfen. Bleiben Sie hartnäckig. Bei Nichtbeachten der Ad-hoc-Publizitätsfristen können Unternehmen zum Schadenersatz verpflichtet werden.

Die Ad-hoc-Publizität hat das Ziel, durch eine gleichmäßige, effiziente und schnelle Information des Kapitalmarktes Informationsdefizite zu vermeiden und allen Investoren einen gleichen Informationsstand und damit die Chancengleichheit im Wertpapierhandel zu ermöglichen.

Durch die unverzügliche Information des Kapitalmarktes über besondere Umstände, die die Börsenkurse erheblich beeinflussen können, sollen dabei die Entstehung unangemessener und nicht marktgerechter Preise sowie die Möglichkeit der Nutzung von Insiderwissen vermieden werden.

Im Jahr 2004 wurde die Vorschrift durch das Anlegerverbesserungsschutzgesetz erheblich geändert. Damit basieren die Vorschriften zur Ad-hoc-Publizität heute europaweit überwiegend auf einheitlichen Vorgaben.

Mit Inkrafttreten des Transparenzrichtlinien-Gesetzes erfuhr § 15 WpHG wieder wesentliche Änderungen, und zwar die Festlegung der zuständigen Behörde und die Einführung des elektronischen Unternehmensregisters, in dem alle ein börsennotiertes Unternehmen betreffenden Informationen zusammengefasst werden sollen.

6.10.1   Voraussetzungen für eine Ad-hoc-Publizität

Um beurteilen zu können, ob ein Unternehmen ein Inlandsemittent ist, müssen § 2 Abs. 6 und Abs. 7 WpHG herangezogen werden. Es wird definiert, wer Inlandsemittent ist und welche Voraussetzungen dafür notwendig sind. Es gibt nach diesem Paragraphen zwei Kategorien der Inlandsemittenten:

1. Emittenten, deren Herkunftsstaat Deutschland ist. Ausnahme: Es greift eine der in § 2 Abs. 7 Nr. 1 genannten Rückausnahmen.

2. Emittenten, deren Herkunftsland nicht Deutschland, sondern ein anderer europäischer Staat bzw. europäischer Wirtschaftsraum ist, deren Wertpapiere jedoch nur zum Handel an einem organisierten Markt in Deutschland zugelassen sind.

6.10.2   Beispiele für veröffentlichungspflichtige Informationen

Die BaFin hat in ihrem Emittentenleitfaden einen Katalog von potenziell veröffentlichungspflichtigen Informationen zusammengestellt. Hier seien nur ein paar wichtige genannt:

■ Untersuchungen durch Behörden (z. B. Kartell- und Steuerbehörden) oder vergleichbare Untersuchungen, von denen der Emittent betroffen ist – nicht der Umstand der Untersuchung muss gemeldet werden, sondern eine Meldung wird nur dann fällig, wenn Folgeentscheidungen aufgrund der Untersuchung getroffen werden, z. B. Bildung von Rückstellungen für Steuerforderungen, Trennung von Geschäftszweigen, um kartellrechtlichen Bedenken Rechnung zu tragen usw.,

■ Veräußerung von Kerngeschäftsfeldern,

■ Beherrschungs- und Gewinnabführungsverträge,

■ Erwerb oder Veräußerung wesentlicher Beteiligungen, Restrukturierungsmaßnahmen,

■ Verschmelzungen,

■ Ein- bzw. Ausgliederung von Unternehmensteilen,

■ Ausfall wesentlicher Schuldner,

■ bedeutende Erfindungen,

■ Vorstandsentscheidungen zur Durchführung von Rückkaufprogrammen,

■ Insolvenz, Zahlungseinstellung, Überschuldung,

■ Mitteilung von Quartals- und Jahresergebnissen.

Diese Beispiele stellen nur einen kleinen Teil dar. Genauere Informationen finden Sie im Emittentenleitfaden der BaFin auf deren Homepage im Internet.

Am schwierigsten zu beurteilen ist die Ad-hoc-Publizitätspflicht bei Fusionen und Übernahmen (Mergers & Acquisitions – M&A). Sowohl die Bieter- als auch die Zielgesellschaft können zur Ad-hoc-Publizität verpflichtet sein. In vielen Fällen sind Übernahmen für die Zielgesellschaft erheblich preisbeeinflussend. Der Sachverhalt muss aus beiden Perspektiven separat geprüft werden. Es kann sein, dass der Sachverhalt für die eine Partei eine Insiderinformation darstellt, für die andere Partei aber nicht.

Reine Vorbereitungshandlungen, wie z. B. erste Gespräche führen oder aber die Beauftragung von Beratern oder Rechtsanwälten, begründen grundsätzlich noch keine Publizitätspflicht.

Dieser Teil der Vorbereitungshandlungen wird heute auch mit dem Begriff „Due Diligence" umschrieben. Doch was bedeutet das eigentlich? Wer initiiert eine Due Diligence? Was sind die Merkmale?

Die Initiative zur Due Diligence kann sowohl vom Käufer als auch vom Verkäufer des Unternehmens oder der Beteiligung ausgehen. Im Kauf- bzw. Verkaufsprozess folgt die Due Diligence der Identifizierung des Akquisitionsobjekts bzw. der Käufer und der Klärung des Verkaufs- bzw. Kaufinteresses. Sie dient auch zur Festlegung des Verhaltens und der Forderungen in den folgenden Verhandlungen. Sie kann sowohl vom Unternehmen selbst oder auch in deren Auftrag von einem spezialisierten Wirtschaftsprüfungsunternehmen übernommen werden. Die Due Diligence ist besonders im Bereich Venture Capital wichtig, da private Unternehmen keiner Publikationspflicht unterliegen und somit weniger Informationen vorliegen. Meist sind dies auch junge Unternehmen, welche sich in der Entwicklungsphase befinden und nicht auf eine lange Erfahrung in ihrem Stammgeschäft zurückblicken können. Dadurch existieren weniger Informationen und somit eine höhere Unsicherheit.

Der Begriff Venture Capital kommt aus dem amerikanischen und bezeichnet die Bereitstellung von Eigenkapital oder eigenkapitalähnlichen Mitteln. Die Bereitstellung des Kapitals ist zeitlich auf drei bis zehn Jahre begrenzt und wird vertraglich festgehalten. Auf die Stellung von Sicherheiten wird seitens des Kapitalnehmers komplett verzichtet. Eine Bereitstellung bzw. eine Vereinbarung über ein Venture Capital wird in erster Linie von den Wachstumschancen des zumeist jungen Unternehmens im Markt und der daraus folgenden Rendite abhängig gemacht.

Die Due Diligence nimmt einen Zeitraum von etwa drei bis sechs Monaten in Anspruch und ist meist in Phasen gegliedert, um den Informationsaufwand im Falle einer negativen

Beurteilung zu reduzieren. So beginnt sie mit einer Grobanalyse und geht bei positiver Beurteilung in die Feinanalyse über. Die Ergebnisse der Due Diligence werden in einem abschließenden Bericht festgehalten. Sie geht weit über die formale Prüfung z. B. der Jahresabschlüsse oder der Handelsbücher hinaus. Inhalt und Umfang der Due Diligence variieren individuell. Einige Aspekte sind:

- ■ Rechtliche Aspekte: Die Legal Due Diligence umfasst neben der Analyse der Eigentumsverhältnisse auch die Untersuchung der Gesellschaftsunterlagen, der handelsrechtlichen Eintragung, der Regelungen in Gesellschaftsvertrag und Satzung, der vom Unternehmen geschlossenen Verträge und Vereinbarungen, arbeits- und dienstrechtliche Angelegenheiten und mögliche oder bereits laufende Rechtsstreitigkeiten und behördliche Verfahren. Hierzu wird meist ein rechtlicher Berater hinzugezogen.

- ■ Steueraspekte: Die Tax Due Diligence beschäftigt sich mit Steuer- und Bilanzangelegenheiten, darunter Bilanzpolitik, ausstehende Steuerzahlungen, Steuerrisiken und die steuerliche Auswirkung der Transaktionsstruktur.

- ■ Finanzlage und Reporting: Financial Due Diligence entspricht im Wesentlichen einer Analyse des internen und externen Rechnungswesen und Controlling zur Beurteilung der finanziellen Situation. Die Informationen stammen hauptsächlich aus Bilanzen, Gewinn- und Verlustrechnung sowie Kapitalflussrechnung. Hierbei kommt es auch zu einer Betrachtung der Bilanzpolitik, Qualität des Reportings, Transparenz in der Berichterstattung, Finanzstruktur, Vermögenswerte, Verbindlichkeiten, Kapitalstruktur, Liquidität, Finanzierungsmöglichkeiten und -kosten.

- ■ Marktstellung und Zukunftsentwicklung: Die Business Opportunity oder Market Due Diligence beurteilt einerseits aktuelle strategische Aspekte wie die Qualität des Stammgeschäfts, Stellung innerhalb der Branche, der Patentsituation und Selling Proposition. Andererseits wird auch versucht, die zukünftigen Entwicklungen des Marktes, mögliche Chancen und Risiken abzuschätzen.

Auch nicht bindende Angebotsschreiben (Non Binding Indicative Offer Letter) bilden noch keine Sachverhaltsgrundlage, die hinreichend konkret wäre, um eine Insiderinformation auszulösen. Wenn aber z. B. eine Letter of Intent (LoI) – Absichtserklärung – mit typischem Inhalt, wie Eckpunkte des Vertrages etc., abgeschlossen wird, muss spätestens hier geprüft werden, ob die bevorstehende Transaktion erhebliches Preisbeeinflussungspotenzial besitzt und ob der Eintritt hinreichend wahrscheinlich ist.

6.10.3   Unverzüglichkeit

Grundsätzlich hat die Veröffentlichung einer Insiderinformation unverzüglich nach deren Eintritt zu erfolgen. Unverzüglich bedeutet ohne schuldhaftes Zögern.

Der Emittent ist verpflichtet, alle organisatorischen Maßnahmen vorzuhalten, die eine unverzügliche Veröffentlichung der Insiderinformation ermöglichen, besonders dann, wenn sich der Eintritt der Insiderinformation schon im Vorfeld abzeichnet.

Über mögliche Insiderinformationen, die eine Ad-hoc-Meldung erforderlich machen, ist sofort der Vorstand bzw. eine entsprechend verantwortliche Person zu informieren, damit diese sofort die Ad-hoc-Mitteilung veranlassen kann.

Es bleibt aber immer die Zeit, die Information auf Insiderinformationscharakter zu prüfen und insbesondere juristischen Rat einzuholen, entweder bei einem Inhouse-Counsel oder einer externen Kanzlei.

Die Vertraulichkeit der Information, ob intern oder extern, muss jederzeit gewährleistet sein. Es bleibt dem Unternehmen aber immer noch die Möglichkeit des Aufschubs der Veröffentlichung (Selbstbefreiung) nach § 15 Abs. 3 WpHG, wenn die Veröffentlichung zu diesem Zeitpunkt zu einer „Unzeit" wäre.

Folgende Voraussetzungen müssen für eine Selbstbefreiung vorliegen:

■ berechtigtes Interesse aufseiten des Emittenten,

■ keine Irreführung der Öffentlichkeit,

■ Gewährleistung der Vertraulichkeit der Information.

Berechtigte Interessen des Emittenten können z. B. sein:

■ Durch eine frühzeitige Veröffentlichung können noch laufende Verhandlungen (z. B. Joint Ventures) gefährdet sein.

■ Durch eine frühzeitige Veröffentlichung der Entscheidung des Geschäftsführungsorgans in einem mehrstufigen Entscheidungsprozess könnten Informationen z. B. über Kauf oder Verkauf von Unternehmensteilen durchsickern und den Aktienkurs beeinflussen, sowohl im positiven wie auch im negativen Sinn. Ein mehrstufiger Entscheidungsprozess liegt z. B. vor, wenn zuerst Vorstand und dann Aufsichtsrat entscheiden müssen.

■ Der Schutz von Erfindungen könnte durch eine vorzeitige Veröffentlichung gefährdet werden, z. B. bei einer erforderlichen Patentanmeldung (denken Sie z. B. an den Pharma- oder IT-Bereich).

Sollte die Grundlage für die Insiderinformation im Befreiungszeitraum entfallen, z. B. wenn die Übernahmeverhandlungen scheitern, ist keine Ad-hoc-Veröffentlichung mehr erforderlich. Auch die BaFin muss nicht mehr informiert werden.

6.10.4   Mitteilung an Börsen und BaFin

Diese Art der Mitteilung wird auch Vorabmitteilung genannt. Der Emittent muss nach § 15 Abs. 4 Satz 1 WpHG die Insiderinformation vor ihrer Veröffentlichung übermitteln an:

■ die Geschäftsführungen der inländischen Börsen, an denen die Wertpapiere des Unternehmens zugelassen sind (z. B. Deutsche Börse, amerikanische Börse etc.), und

■ die Geschäftsführung der Börsen, an denen Derivate auf seine Wertpapiere zugelassen
sind. Derivate sind Verträge, die das Recht garantieren, ein Gut zu einem fixen Preis zu
kaufen oder zu verkaufen.

Die Vorabmitteilung soll mindestens 30 Minuten vor Veröffentlichung erfolgen. Diese Zeit
wird von den Börsen benötigt, um über die Aussetzung der Preisfeststellung zu entscheiden. Dies bedeutet, dass die Börsen entscheiden, ob der Aktienkurs ausgesetzt werden soll,
da mit extremen Marktreaktionen gerechnet wird, der Börsenkurs also rapide nach oben
oder nach unten ginge. Für die Veröffentlichung sind die §§ 3a ff. WpAIV von zentraler
Bedeutung. Der Emittent kann die Insiderinformation u. a. Medien zuleiten, die sie dann in
ganz Europa verbreiten. Zu den Medien gehören z. B. überregionale Börsenpflichtblätter
und elektronisch betriebene Informationssysteme, z. B. Reuters, DowJones und Bloomberg.

Ferner muss der Emittent diese Information auch auf seiner Firmen-Internetseite veröffentlichen. Sie muss mindestens einen Monat auf der Internetseite verbleiben und gut auffind-
bar sein. Die Internetveröffentlichung darf aber nicht vor der Veröffentlichung über die
Medien erfolgen. Die Medien müssen gewährleisten, dass die Information rasch und möglichst gleichzeitig in ganz Europa verbreitet wird.

Der Absender der Information muss jederzeit identifiziert werden können, die Information
muss sicher, also ohne Zugriffsmöglichkeiten Dritter, übermittelt werden (sicherer Über-
tragungsweg und sichere Verschlüsselung) und Übertragungsfehler oder Übertragungsun-
terbrechungen müssen unverzüglich behoben werden. Außerdem muss die Information
Name und Adresse des Emittenten, ein Schlagwort, worum es geht, Tag und Uhrzeit der
Übersendung und die Zielsetzung der europaweiten Übertragung erkennbar enthalten. Die
Vorabmitteilung per Fax an die BaFin und die Börsenaufsicht ist aber immer verpflichtend.
Ein entsprechendes Formular dazu kann auf der Internetseite der BaFin heruntergeladen
werden.

Sechs Jahre lang muss der Emittent in der Lage sein, folgende Informationen zu geben und
der BaFin unverzüglich auf Verlangen vorzulegen:

■ den Namen der Person, die die Information an die Medien gegeben hat,

■ den Tag und die Uhrzeit der Übersendung an die Medien,

■ die verwendeten Sicherheitsmaßnahmen für die Übertragung an die Medien und

■ die Daten zu einer Verzögerung der Veröffentlichung.

Zusätzlich muss der Emittent die Information auch dem Unternehmensregister zur Spei-
cherung übertragen. Hat der Emittent vorher die Selbstbefreiung in Anspruch genommen,
muss er nach § 15 Abs. 3 WpHG i. V. m. § 8 Abs. 5 WpAIV die BaFin darüber unterrichten.
Er muss der BaFin folgende Angaben machen:

■ Zeitpunkt der Entscheidung über den Aufschub der Veröffentlichung,

■ Gründe für die Befreiung von der Pflicht zur Veröffentlichung,

- spätere Termine, an denen der Fortbestand der Gründe überprüft wurde,

- Zeitpunkt der Entscheidung über die vorzunehmende Mitteilung und Veröffentlichung,

- Vor- und Familiennamen sowie Geschäftsanschriften und Telefonnummern aller Personen, die an der Entscheidung über die Befreiung beteiligt waren.

Die Veröffentlichung muss in der Landessprache vorgenommen werden, hier Deutsch. Soll die Veröffentlichung in Englisch stattfinden, muss der Emittent seinen Sitz im Ausland haben. Die BaFin übersendet über diese Vorgänge einen sogenannten Veröffentlichungsbeleg. Der Emittent muss auch hier sechs Jahre lang in der Lage sein, die erfolgte Übermittlung nachzuweisen. Es gibt inzwischen viele Dienstleister auf dem Markt, die Unterstützung und Hilfe anbieten. Sie gestalten den Ablauf so, dass sich das Unternehmen nicht mit den Details befassen muss. Die großen Konzerne sind aber heute meistens so organisiert, dass dies die Aufgabe z. B. der Rechtsabteilung bzw. des Leiters der Rechtsabteilung ist.

6.10.5   Ordnungswidrigkeiten nach § 3 WpHG

Wer eine Insiderinformation vorsätzlich oder fahrlässig nicht richtig, nicht vollständig, nicht in der vorgeschriebenen Weise oder nicht rechtzeitig veröffentlicht, kann mit einem Bußgeld von bis zu einer Million Euro bestraft werden. Wer vorsätzlich oder fahrlässig Fehler bei der Vorabmitteilung der Insiderinformation gegenüber den Börsen oder der BaFin oder bei der Selbstbefreiung macht, kann mit einem Bußgeld von bis zu 200.000 Euro bestraft werden. Wer vorsätzlich oder fahrlässig Fehler bei der Übermittlung des Veröffentlichungsbelegs macht, kann mit einem Bußgeld von bis zu 50.000 Euro bestraft werden.

6.10.6   Rechtsverstöße und ihre Folgen

Die Unternehmensrisiken aus Schadensfällen, Gesetzesverstößen und sonstigen Missständen infolge unzureichender oder auch unterlassener Compliance-Maßnahmen sind vielfältig. In der letzten Zeit gab es viele Beispiele, die in der Öffentlichkeit großes Interesse hervorgerufen haben (z. B. Siemens, WestLB, VW). Sie sind beispielhaft dafür, wie das Image eines Unternehmens bei Bekanntwerden der Verstöße sinken kann, ebenso die Motivation der Mitarbeiter und die Akzeptanz der Produkte am Markt. Auch der strafrechtliche Aspekt darf hier nicht vergessen werden. Einige mögliche Konsequenzen sind negative Pressemeldungen über das Unternehmen, Werteverfall, Bußgelder von bis zu zehn Prozent des Konzernumsatzes, Vergabesperre und Blacklisting, einstweilige Verfügungen gegen einzelne Geschäftsaktivitäten, Eingreifen von Aufsichtsbehörden, Schadenersatzforderungen durch Kunden und Verbraucher, Pfändung von Bankkonten, Unternehmenskrise und dadurch bedingt die Gefährdung von Arbeitsplätzen.

Stichwortverzeichnis

Die Autorin

Helma Quentmeier ist Referentin im Bereich Compliance für Self Commitment Programms & Communications in einem großen pharmazeutischen Unternehmen. In ihrer vorherigen Tätigkeit war sie über viele Jahre die persönliche Assistentin des General Counsels, Head of Law and Patents und Assistentin des Compliance Officers. In ihren Tätigkeitsbereich fielen u. a. die eigenverantwortliche Unterstützung des Compliance-Officers in allen Compliance Bereichen eines Großkonzerns wie Compliance Cases, Anti-Corruption, HR-Belange, Controlling und vieles mehr. Durch ihre zwanzigjährige Tätigkeit als Assistentin im Rechtsbereich ist sie mit den Anforderungen, die Juristen an Mitarbeiter stellen, genauestens vertraut. Sie war zudem verantwortlich für die Kommunikation mit dem Zoll und den zuständigen Behörden im Anti-Counterfeiting-Bereich. In ihrer Freizeit studiert sie an der Fernuniversität in Hagen Rechtswissenschaften mit dem angestrebten Abschluss „Bachelor of Law".

MIX
Papier aus verantwortungsvollen Quellen
Paper from responsible sources
FSC® C105338

If you have any concerns about our products,
you can contact us on
ProductSafety@springernature.com

In case Publisher is established outside the EU,
the EU authorized representative is:
Springer Nature Customer Service Center GmbH
Europaplatz 3, 69115 Heidelberg, Germany

Printed by Libri Plureos GmbH
in Hamburg, Germany